양성평등에
반대한다

도란스
기획 총서
1

양성평등에
반대한다

정희진 엮음

권김현영, 루인, 류진희
정희진, 한채윤

교양인
GYOYANGIN

여성주의는 양성평등일까?

이 책의 제목 '양성평등에 반대한다'는 내용에 충실한 표제다. 책의 요지는 간결하다. 인간은 애초부터 양성(兩性)으로 존재하지 않았으며, 평등의 기준이 남성일 때 여성에게 '양성평등'은 평등(平等)이 아니라 이중 노동이 되는 현실에 대한 문제 제기다. 따라서 이 책은 '여성주의(feminism)＝양성평등(gender equality)'이라는 오해에 대한 구체적 분석을 목표로 삼는다.

우리 사회에서 여성주의가 본격적인 사회 운동으로 등장한 시기는 1980년대 초반이다. 이후 여성 운동의 이념으로서 주도적 역할을 해 온 양성평등 담론은, 최근 몇 년간 온라인을 중심으로 한 유례 없는 미소지니(misogyny, 여성에 대한 혐오) 현상을 통과하면서 '엉뚱한' 길을 가게 되었다. 양성평등은 일종의 '지향'인데 그것이 마치 '현실'에서 이미 실현된 것처럼 남녀가 모든

면에서 대등하기 때문에, "남성도 여성을 혐오하고, 여성도 남성을 혐오한다"는 대칭적 논리로 오독된 것이다.

본래 언어는 누가 어떻게 사용하느냐에 따라 의미가 달라지는 '이데올로기'지만, 최근 '양성평등'이라는 말처럼 반대 진영에 의해 완벽히 전유된 경우는 드물다. 그 효과도 엄청났다. 지난 30여 년간의 여성 운동의 경험과 역사는 재검토가 불가피해졌고, 많은 여성 운동 단체들이 전망을 모색하느라 고민을 거듭하고 있다. 여성주의는 성차별이 있는 현실을 다시 증명해야 할 처지가 되었다. 여성 운동은 "여자 일베, 미러링이라는 또 다른 혐오……"로 폄하되었다. 양성평등이라는 '무기'는 여성이 쥐었을 때는 칼날이었지만, 남성이 쥐었을 때는 무소불위의 칼자루가 된 것이다.

이 책은 양성평등 담론이 대칭적인 논리로 오용되는 현실에 대한 문제 제기와 더불어, 논리 자체의 모순에 주목한다. 또한 오랫동안 '미루어져 왔던' 혹은 당연하게 유통되어 왔던 한국 여성주의의 주요 인식론인 양성평등의 실체를 분석하고자 한다.

이 글을 쓰려고 도서관으로 들어오는 길에 대학 교정에 걸린 현수막을 보았다. 정부의 지원금을 받는 공당(公黨)이자 진보 정당을 표방하는 정의당이 걸어놓은 현수막에는 "우리 친하게 지내요"라는 글귀가 씌어 있었다. "남자랑 여자랑 그만 싸우고 좋게 지내자"라는 뜻이다. 이런 현상을 단순히 여성 문제에 대한 무지라고 봐야 할까? 젠더가 사회 구조적 모순임을 모른다 해도,

"자본가와 노동자, 우리 친하게 지내요", "장애인과 비장애인, 우리 친하게 지내요" 같은 공식 입장은 생각하기 힘들다.

'진보 진영'을 비롯해 많은 남성들이 남성과 여성은 원래 친하게 지냈는데(=여성이 성차별을 참았는데), 갑자기 남녀가 불평등하다고 주장하는 소수의 '반(反)사회적 여성'이 등장했다고 느끼는 것 같다. "이미 여성 상위 시대인데, 여성이 저항하다니 역차별이다." 이렇게 생각하는 것이다. 성차별을 인정하지 않는 한국 남성들에게 '양성평등'은 의미 없는 말이다. 원래 평등했고, 최근에는 여성이 더 특권을 누리기 시작했다는 것이 이들의 인식이다. 유독 외래 이론의 대표적 사례로서 배척당해 왔던 'feminism'은 '여성 해방주의'를 거쳐 '여성주의'로 개념이 정착되어 가고 있지만, 여전히 '여성 중심주의' 혹은 '여성 특권주의'라는 시선에서 자유롭지 못하다.

그간 양성평등 담론은 한국 사회의 근대성 지향에 기댈 수 있는 전략적이고 유용한 구호였다. 양성평등은 근대적 자유주의, 보편주의("여성도 인간이다")에 기반을 둔 담론이다. 여성주의는 양성평등 주장을 통해 남녀 간의 위계(남존여비)를 비판하고 적어도 공적 영역에서 조건의 평등을 보장하라고 외쳐 왔다. 그러나 이 책은 양성평등 담론이 여성의 젠더 이해(gender interests)를 반영하지 못하는 관념론일 뿐 아니라 오히려 반격(backlash)을 부르는 남성 중심적 논리라고 주장한다.

앞서 말한 대로 양성평등 담론이 본격적인 위기를 맞은 것은 최근의 일이다. 온라인 환경의 변화, 소셜네트워크서비스(SNS)의 발달은 여성 혐오 발화와 이에 대한 저항이 사회적 문제로 등장하게 된 물적 조건이었다. 거기에 더해 원래 가부장제 사회의 일상인 페미사이드(femicide, 여성 살해)가 '강남역 (살인) 사건'으로 가시화되면서 젊은 여성들을 중심으로 여성주의에 대한 관심과 참여가 폭발적으로 증가했다.

그러나 남성들은 이 같은 여성들의 사회 운동에 대해 "여자들이 남성을 싫어하고 혐오하고 비난한다"며 이를 '남혐' 현상으로 명명했다. 여성과 남성은 상호 혐오를 통해 드디어 '평등'해진 것일까? '성차별에 반대하는 상식적인 남성들조차' 이를 젠더 문제가 아니라 혐오 문화 일반으로서 "여성들이 남성의 거친 언어를 따라한다"는 우려를 드러내기에 이르렀다.

단도직입으로 말해, 양성평등은 여성에게 유리한 담론인가? 이 책에서 다루는 당대 한국 사회의 첨예한 젠더 이슈들은 양성평등 개념으로 해석 가능한가? 여성에게 저항 가능한 논리를 제공하고 있는가? 아니, 오히려 여성의 노력과 저항을 방해하고 있는 것은 아닌가?

이 책은 1) 남성(성)과 여성(성)의 실제와 규범 사이의 괴리, 2) '비정상', '소수자'라고 불리는 젠더 규범 외부의 다양한 존재들, 3) 양성평등 개념이 어떻게 남성/여성 내부의 차이들을 보지 못하게 하는지를 밝히고, 그로 인해 문제 해석과 '해결'에 어떻게 걸림돌이 되는가를 분석한다.

다시 말해 양성평등 담론에 대한 비판은 남성/여성의 범주와 개념 자체의 허구성을 밝힘으로써 개인이 좀 더 젠더 규범으로부터 자유로울 수 있는 가능성(성차별에 대한 저항)을 모색하는 작업이다. 동시에 성적 소수자로 불리는 이들의 존재와 투쟁을 분석함으로써 기존의 젠더 개념을 해체하고 재구성하고자 한다. 이성애 제도가 가부장제의 전제임을 인식하지 않는다면 성적 소수자 억압은 물론 젠더 문제도 풀 수 없다.

여성주의는 젠더라는 사회적 모순을 독해함으로써 비가시화된 젠더를 드러내고 저항하지만, 그 과정이 젠더를 당연시하고 고정하는 몰역사적 방식이 되어서는 안 될 것이다. 이를 위해서는 끊임없이 젠더의 개념과 위치를 이동시키는 사유 방식이 필요하다. 변화하고 이동하지 않는 주체, 운동, 언어는 '운동권/역(運動圈/域)'이라는 또 다른 기득권 집단과 '연줄' 집단을 만들 뿐이다. '서울, 중산층, 젊은, 이성애자, 고학력, 비장애인' 중심의 여성 운동도 예외는 아니다. 왜냐면 이들은 사회가 수용 가능한 이른바 '여성다운 여성'을 대표하고 있기 때문이다.

필자들은 이 책에서 다루는 당대 한국 사회의 이슈가 기존의 양성평등 패러다임으로는 포괄할 수 없는 현실이라 보고, 양성평등적 사유의 궤도 안팎을 넘나들며 다른 인식론적 도구를 동원하여(예를 들어, 탈식민주의) 기존의 논쟁 구도를 변화시키고자 한다. 필자들은 정체성의 정치, (남성 중심의) 평등, 여성의 사회 진출을 넘어 사회 정의로서 여성주의를 추구한다.

여성주의는 남성과 대립하고, 남성을 대체하고, 남성에 대항하는 개념이 아니라 새로운 사회로의 이행을 제안하는 사유이다. 여성주의는 가부장제의 반(反)담론(counter discourse)이 아니며, 그렇게 될 수도 없다. 다양한 인식자의 위치를 드러내고, 그 입장과 조건을 경합하는 사유이다. 이 책이 그러한 여정에 이정표가 되기를 바란다.

정희진의 글은 양성평등의 개념에 대한 기본적인 해제라고 할 수 있다. 이 글은 너무나 자명한 것으로 간주되어 온 과학적 사실, "인간은 양성으로 구성되어 있다."는 통념을 있는 그대로의 현실을 통해 반박한다. 글의 전개 방식은 세 가지이다. 첫째, 남성(성)과 여성(성)은 규범이지 현실이 아니며, 따라서 실체로서 남녀는 존재하지 않는다는 것이다. 둘째, 소위 성적 소수자라 불리는 동성애자, 양성애자, 트랜스젠더, 인터섹스(LGB/T/I)의 존재, 즉 이분화된 젠더 개념 밖에 존재하는 사람들을 통해 남녀 구분을 전제로 하는 양성 개념의 허구성을 드러낸다. 셋째, 이분법은 정말 1:1의 이분(二分)인가, 평등은 무엇인가, 평등 담론의 기준은 누구이고 그 결과는 무엇인가를 논의한다. 결론적으로, 양성평등 담론은 한국 사회에서 여성주의적 대안이 될 수 없으며, 이제까지 양성평등 담론에 토대를 두고 전개되어 왔던 여성주의를 재검토할 것을 요구한다.

　루인의 글은 양성 사회에서 퀴어(queer)의 의미, 퀴어의 존재성과 가시화 방식을 다룬 매우 의미 있는 논문이다. "인간은 남녀 양성으로 뚜렷이 구분되며 그것은 자연의 법칙"으로 철저히 규범화된 사회에서 '그렇지 않은 사람'은 어떤 존재인가? '그들은' 어떤 방식으로 살아가며 사회는 그들에게 어떤 형식의 존재성을 부여하는가? 퀴어의 존재를 선택적으로 가시화하는 사법 권력은 어떻게 남성 중심 사회의 이익에 봉사하는가를 실제 사건을 중심으로 살펴보고 깊이 있게 분석한다. 퀴어의 가시화가 범죄와 연결될 수밖에 없는 상황에서 젠더, 성폭력, 범죄, 범죄학에 대한 근본적인 다시 읽기를 주장한다.

　루인은 고위직 남성의 '성추문' 사건을 '큐레이팅(curating, 기존 현상에 새로운 가치를 부여하고 그것을 안내하고 전파하는 작업)'하면서 음란(성)을 범죄로 만드는 한국 사회의 성 문화를 비판한다. 이 과정에서 우리 사회에서 성적 타자가 어떻게 구성되는지, 그리고 '현상학적 퀴어-범죄 주체의 탄생'을 논한다. '이론적' 측면에서 특히 이 글에서 주목할 점은 행위, 섹슈얼리티, 퀴어, 범죄에는 본질적인 의미가 없으며 맥락과 그 사회의 문화 권력에 의해 규정된다는 사실을 규명한 것이다.

　젠더 이론은 물론 사법 체제의 운용과 성적 소수자의 규정 등 전반에 걸쳐 '맥락에 따른 개념화(positioning, locality, context……)의 모델이 될 만한 글이다.

정희진이 양성평등을 질문하고 루인이 양성 개념을 문제화했다면, 권김현영의 글은 양성평등 프레임으로는 해석할 수 없는 현실을 다룬다.

미성년자 의제강간(擬制强姦)은 미성년자와 성관계를 하면, 동의 여부에 관계없이 강간으로 처벌하는 것이다. 권김현영의 글은 미성년자 의제강간이라는 문제를 통해 청소년의 사회적 성원권과 성적 권리에 관한 여성주의 시각의 한 모델을 보여준다.

구체적으로 이 글은 한국 사회의 청소년에 대한 규제 중심의 섹슈얼리티 정책과 문화의 혼란과 이중성, 즉 보호와 통제, 현실과 규범, 젠더와 연령의 관계와 남성 중심성을 분석한다. 필자는 청소년의 사회적 시민권과 성적 시민권의 분리를 문제 삼으면서, 그 대안으로서 청소년을 신체 발달 과정과 관련한 육체적 타자로 보지 말고 사회적 범주로서 몸(social body)으로 인식할 것을 제안한다. 즉, 문제는 연령 자체에 있는 것이 아니라, 연령에 따라 권리가 분배되는 정치경제학적 조건에 있다는 것이다. 성관계의 자유를 요구하는 입장도, 금지의 필요를 주장하는 입장도 모두 섹슈얼리티를 다른 사회 관계로부터 독자적인 장치로 본다는 것이 이 글의 핵심적인 문제 의식이다.

양성 개념과 관련해서 이 논문의 더 본질적인 의미는, 성폭력과 젠더를 둘러싼 다음과 같은 논쟁을 함축하고 있다는 점이다.

다른 범죄와 달리 성폭력은 피해자의 상황이 특히 더 중요시된다. 주지하다시피 피해자의 성별, 계급, 가족, 외모, 직업, 성력(sexual history), 저항 여부 등은 범죄 구성 요건에 큰 영향을 끼친다. 상황을 묻지 않는 유일한 예외는 연령이다. 권김현영은 오직 연령만을 기준으로 '양성'에게 동일한 기준을 적용하는 미성년자 의제강간죄 내부의 모순을 드러냄으로써 양성 개념의 이중성과 모순을 보여준다. 의제강간의 가해자와 피해자 성비와 연령 통계를 살펴보면 성인 남성들이 압도적으로 많은 가해를 저지른다. 그러나 보도된 사건들의 성비는 양성의 비율이 매우 잘 맞춰져 있다.

또한 한국의 남성 문화 내에서 남자 청소년과 여자 청소년의 섹슈얼리티는 매우 다른 의미로 재현되고 실천된다. 사회 통념상(규범상) 나이가 많은 여성은 여성(성)의 범주에서 제외되기 때문이다. 여성들의 가장 '기본적인' 차이는 연령이다. 그럼에도 불구하고 의제강간죄에서 연령 기준은 젠더를 전혀 고려하고 있지 않다. 권김현영의 글은 이 모순을 파고들면서 기존의 양성 개념에서 연령이 어떻게 여성에게 불리하게 작동하는지를 탐색하고 있다.

류진희의 글은 양성평등 패러다임 이후 새로운 여성 주체의 등장을 다룬다. 이 글은 당대 한국 사회, 여성주의 진영의 최대 관심사이자 '기존 페미니스트'들에게 혼란과 성찰의 계기를 가져다준 온라인 페미니즘의 대명사 '메갈리아'에 대한 보기 드문 정치한 분석이다. '일베' 사용자의 10% 정도가 여성이라는 사실은 여성들은 그런 언어를 사용하지 않을 것이라는 일반인의 고정 관념을 파괴했다. 온라인과 오프라인에서 성의 구별은 이제 각각 다른 의미를 띠게 되었다.

이 글은 여성 혐오 자체에 초점을 맞춘 기존의 '젠더 논쟁(남혐, 미러링의 윤리성……)'에서 벗어나 매체(미디어)와 새로운 여성 주체의 등장에 주목하고 있다. 인터넷 공간은 더는 가상 현실이 아니다. 메갈리아 사태는 분명한 젠더 문제이지만, 그 물적 토대인 온라인의 성격을 설명하지 않고는 인식할 수 없는 문제이다. 면 대 면(face to face)에서 그런 언어들은 유통되기 어렵기 때문이다.

이 글은 온라인을 중심으로 한 다양한 새로운 문화 현상(국외자는 알아듣지 못하는 용어들……)과 여성주의의 관련성에 주목한다는 점에서, 여성 혐오 현상에 대한 공론장의 지평을 넓혀준다. 이후 고민 중의 하나는 '기존 여성주의'와 메갈리아 혹은 트위터 페미니스트까지 망라한 이들의 연대 가능성이다. 온라인을 중심으로 한 포스트 여성 주체와 여성주의의 관계도 중요한 쟁점이 아닐 수 없다.

한채윤의 글은 양성평등 담론 밖에 있는 주체들의 투쟁을 분석할 때 양성 개념과 한국 사회상을 다룬다.

양성평등에 기반한 이성애 가족 구조에 대한 근본적인 문제 제기가 없다면, 한국 사회에서 동성애자 인권 운동과 양성평등 패러다임의 충돌은 불가피하다. 동성애자는 양성평등 패러다임의 '가장 큰 피해' 집단이기도 하다. 동성애자는 양성의 범주, 인간의 범주를 문제 제기하고 교란하는 대표적인 집단이다. 그래서 그들은 홀로코스트, 쿠바 혁명, 팔레스타인 이슈 등 역사적 사건마다 지배 권력의 '정상성'을 증명하는 희생양이 되어 왔다. 그러므로 동성애자 인권 억압의 맥락은 종교 갈등, 계급, 혁명 후의 건국(nation building), 영토 분쟁, 섹슈얼리티 통제 등 다양한 시공간의 역사적 상황에 맞게 분석되어야 한다.

한채윤의 글은 우리 사회에서 동성애자를 이성애적 가족을 위기에 빠트리고 성 윤리의 타락을 불러오는 집단으로 낙인찍는 한국 개신교의 논리에 맞서, '동성애와 개신교'에 대한 기존의 시각을 전복하고 재해석한다. 일반적으로 기독교의 동성애 반대는 '성서에 근거한' 움직일 수 없는 진리로서 설득력을 얻는다. 성차는 자연의 질서이자 신의 질서이며, 동성애자는 이를 거스르는 "XX만도 못한" 집단이라는 식이다. 그러나 필자는 기존의 기독교 논리에 집중하기보다는, 사회·역사적 맥락에서 혐오가 구성되는 방식을 보여준다. 필자의 문제 접근 방식을 통해 독자들은 한국 개신교가 시대에 따라 자신들의 위기 상황마다 어떻게 대표적 성적 타자인 동성애자를 '활용'해 왔는지를 알게 될 것이다. 즉, 개신교의 동성애 적대는 그들의 '신앙'과 무관한 정치·사회적 생존 전략이었다.

　동시에 이 글은 혐오에 저항하는 방식의 모델을 제시하는데, 현상과 통념을 본질화하지 않음으로써 권력의 위치를 찾아내고 변화의 가능성을 제시한다. 타자는 존재하는 것이 아니라 발명된다는 사실을 매우 잘 보여주는 글이다. 여성이라는 타자가 정의되던 방식과 동성애자라는 타자가 발명되는 형식은 놀라울 정도로 유사하다. 하지만 여성은 주로 가족 내에서 성 역할 수행자로 재현되기 때문에 이성애 가족 제도에 통합되어 타자로서의 위치가 좀처럼 드러나지 않았다. 최근 들어 정부 부처와 지방 자치 단체에서 성 평등 조례를 문제 삼는 이들이 '성 평등'은 동성애를 포함하므로 '양성평등'이라는 단어로 바꾸어야 한다는 주장을 펴고 있다. 이는 양성평등 개념이 동성애자의 인권을 포괄할 수 없음을 보여주는 대표적인 예이다. 이때 양성평등으로 달성된 여성의 위치는 시민이나 개인이 아니라 오직 이성애 가족 안의 여성으로서만 상상될 뿐이다. 이런 점에서 한채윤의 글은 단순히 여성주의와 동성애 인권 운동과의 연대를 넘어 보편적 인권 차원에서, 이성애 커플과 가족을 당연시하는 양성 중심의 젠더 개념을 재구성하고 해체할 것을 요구한다. 이 과정에서 가부장제와 이성애 제도의 사이에 걸쳐 있는 이성애 페미니스트들은 자신의 상황(position)을 질문하지 않을 수 없을 것이다.

　이 책은 성문화(性文化) 연구 모임 '도란스' 기획 총서의 첫 결실이다. '도란스'는 '트랜스(trans)'의 일본식 발음이다. 한국의 근대가 일제와 미국의 혼재라는 현실을 상기하고자 하는, 탈식민 노력을 역설적으로 표현한 용어이다. '도란스'는 당대 한국 사회의 현실을 젠더와 섹슈얼리티, 탈식민주의 시각에서 재해석하고 변화를 추구하고자 하는 연구 노동 집단이다. 필자들의 정치적 입장, 연구 관심사, 성적 지향, 성별, 나이는 모두 다르다. 그 다름은 자원이기도 하고 소소한 갈등의 요인이 되기도 했지만, 다르기 때문에 배우는 바가 훨씬 많았다.

이 책은 2년여의 준비 기간 동안, 수십 차례에 걸친 필자들의 사전 세미나와 상호 토론, 합평회, 아이디어 교환과 제안을 통한 집단 창작물이다. 특히 이 '들어가는 글'은 모든 필자가 수십 번의 첨삭을 교환한 합작품이다. 그 과정에서 우리는 연구 커뮤니티의 필요성을 절박하게 깨달았고 각자의 사유를 교환하고 확장하는 즐거움을 누렸다. 더불어 커뮤니티가 지속되려면 상호 믿음과 비판, 윤리적 태도가 필수적임을 깨닫게 된 성장의 시간이기도 했다.

"우리가 비판받지 않는다면 무엇으로 역사를 채우겠는가."라는 나혜석의 말을 기억하며 독자들의 비판을 기대한다.

2016년 겨울,
필자들을 대신하여 정희진 씀

양성평등에 반대한다

정희진 | 여성학, 평화학 연구자. 이 책의 엮은이로 저서에 《낯선 시선 – 메타젠더로 본 세상》, 《아주 친밀한 폭력 – 여성주의와 가정폭력》, 《페미니즘의 도전》, 《정희진처럼 읽기》가 있다. 《한국여성인권운동사》, 《성폭력을 다시 쓴다》의 편저자이다. 그 외 50여 권의 공저가 있다. 300여 편에 이르는 책의 서평과 해제를 썼으며, 글쓰기 강사이기도 하다.

1975년은 유엔(UN)이 정한 '세계 여성의 해'였다. 당시 프랑스의 여성 운동가들은 무장한 채 격렬한 반대 시위를 벌이며 경찰과 대치했다. 그들이 들고 나온 피켓에는 이렇게 써 있었다. "1975년 여성의 해? 76년 염소의 해, 77년 닭의 해, 78년 말의 해……"

남성의 지위와 여성의 지위는 대칭적이지 않다

이제까지 서구 페미니즘 이론이나 한국의 여성주의에서나, '양성(兩性)'은 집단으로서 남성과 집단으로서 여성의 존재를 전제해 왔다. 남성/여성 집단 안의 개인들의 차이와 남성과 여성의 개념 자체를 문제시하는 성적 소수자의 정치학이 등장하기 전까지, 페미니즘은 양성 주변을 맴돌았다. 그러나 인간을 양성으로 나눈 '판단자'는 조물주나 자연이 아니라 인간 자신이다. 당연히 양성 개념은 변화할 수 있고 검토할 수 있는 사회적 산물이다.

더구나 양성 개념으로는 대부분의 '여성 문제'가 해석되지 않는다. 이 글(그리고 이 책)은 양성평등 담론으로는 분석하고 인식하고 해결할 수 없는, 한국 사회의 다양한 양성 관련 이슈들을 분석하고자 한다.

일상생활에서 성별이 화제가 되면 남성들이 주로 하는 이야기가 있다. "매 맞는 남편도 있다", "여학생(여직원) 휴게실은 있는데, 남학생(남직원) 휴게실은 없다", "조선 시대에 비하면 여성의 지위가 나아졌다", "평등을 원하면 여자도 군대 가고 숙직해라", "돈은 내가 내고 포인트는 그녀가 쌓는다(데이트 비용)", "여자들은 불만만 많고 노력은 하지 않는다"……. 이들은 성차별은 일부 여성들이 겪는 특수한 사례에 불과하며, 한국은 남녀가 평등한 사회일 뿐 아니라 점차 여성 상위 시대로 가고 있다고 생각한다.

"남성과 여성의 관계는 음양의 이치처럼 원래 대칭적이며 성역할 내용은 자연의 이치에 맞는 합리적인 분업이다. 이런 조화와 균형을 깨뜨리고 분란을 일으키며, 모든 사람을 불편하게 하는 이들이 페미니스트"라는 것이다. 혹은 여성을 '보호'하는 법이 그렇게 많이 만들어졌는데, 성차별? 이제는 없는 거 아닌가? 그리고 만일 법을 어기는 사람이 있다면, '페널티'로 제재하면 되지 '성차별 주장'은 과도하다는 것이다.

이러한 통념은 새삼스럽지 않다. 그러나 위와 같은 성별 이데올로기는 남녀 모두 깊이 내면화되어 있어서 여성주의자조차 반박하기가 쉽지 않다. 여성들은 '객관적 통계'를 동원하거나 제대로 설득하지 못했다는 자책감에 빠지지만, 사회적 제도로서 성별 체제는 설득이 아니라 투쟁, 협상(negotiation), 경합의 차원에서 다루어져야 할 문제다.

그녀/그의 피부색이나 태어난 계급의 조건에 맞는 직업, 감정 표현, 옷차림, 섹슈얼리티, 가사 노동 등 일생 전반에 걸친 '역할'이 있다고 생각하는 사람은 없다. 즉 "계급 역할(당신은 가난하므로 공부하면 안 된다)"이나 "인종 역할(당신은 흑인이므로 실업자가 자연스럽다)" 같은 표현은 없다. 반면, 성 역할(gender role, "여자는 애를 낳아야지")이란 단어의 존재는 성차별이 얼마나 자연스러운 일상의 정치인지, 젠더가 얼마나 인식하기 어려운 사회적 구조인지, 얼마나 탈정치화되어 있는지를 보여준다.

이 글 서두에 소개한 프랑스 여성 운동가들의 투쟁은 남성과 여성이 얼마나 비대칭적 존재인지를 재치 있게 보여준다. 하지만 사람들은 '여성의 해' 제정과 같은 일이 여성에 대한 특혜라고 생각한다. "여성부(部)는 있는데 남성부는 없다."는 식이다. 성의 구별이 '사회적 억압 제도'가 아니라 단지 '대칭 집단'이라는 사고방식은, 최근 몇 년간 온라인을 중심으로 기승을 부린 극심한 미소지니(misogyny, 여성에 대한 혐오) 현상과 이에 대항한 여성들의 대응을 '남혐'으로 명명함으로써 절정을 맞았다. 이러한 일련의 사건에서 한국 사회가 여성 집단에게 가장 많이 '취조'한 내용은 "여성주의는 일베와 다를 바 없다.", "여혐이나 남

혐이나 같은 이혐(異嫌)이다.", "여성의 저항에는 동의하지만, 일
베와 같은 방식에는 반대한다."였다.[1]

위와 같은 인식의 전제는 남성과 여성을 성별이 다를 뿐 아무
런 문제가 없는 평범한 개인들의 집합으로 보는 것이다. 성별 관
계는 계급, 인종 문제처럼 정치적인 것이다. 지배 대 피지배, 중
심 대 주변, 강자 대 사회적 약자, 주체 대 타자의 관계다. 그러
나 대개 젠더 관계는 '남녀상열지사', '음양의 조화'처럼 상/하/
좌/우가 균형 잡힌 대칭(對/稱, sym/metry)으로 생각한다. 심지
어 일부(?) 진보 진영은 "여성주의는 사회 운동이 아니라 (남성
을 혐오하므로) 혐오 시대의 공범자"라고 비난한다. 여기서 우리
는 여성주의에 대한 일상적인 통념인 "휴머니즘이 있는데, 페미
니즘이 왜 필요하냐?", "(남성들의 주장은 보편적이지만) 여성주의
는 보편적이지 않다"는 무지와 다시 만난다.

'메갈리아'를 중심으로 한 온라인에서의 '젠더 워(gender war)'
는, 인류 역사상 가장 오래된 차별인 미소지니와 이에 대한 저항
을 같은 지위로 만들었다. 여성 운동을 남성에 대한 혐오라고 비
난하는 '논리'는, 지난 30여 년[2] 넘게 쌓아 온 여성 운동의 성과
를 수포로 돌리는 것이다. 이 글은 성별을 대칭적으로 파악하는

---

1) 이에 대한 자세한 분석은 본서, 류진희의 글('그들이 유일하게 이해하는 말, 메갈
리아 미러링') 참조.
2) 1983년 '한국여성의전화', 1984년 '또하나의문화' 창립을 기준으로 한 것이다. 한
국여성의전화 기획, 정희진 엮음, 《한국여성인권운동사》, 한울, 1999 참조.

우리 사회 전반의 상식과 '양성평등'을 주요 전략으로 삼아 왔던 여성주의 전반에 대한 문제 제기다. 이 글의 요지는 양성평등 담론에서 1) 양성은 누구이며, 2) 평등은 무엇인가를 분석함으로써 그것이 실제로 존재하는지, 그리고 가능한 것인지를 살펴보는 것이다.

양성 개념의 문제 – 인간은 양성으로 구성되어 있지 않다

이분법의 비대칭성

사회 문제를 자연 현상으로 유비하는 것은 지배층의 오래된 통치 전략 중 하나이다. 이를 본질화(naturalization)라고 하는데, 인간이 만든 것을 '신의 뜻'이라고 하는 이들이 있듯이, '자연의 법칙'이나 '과학'으로 규정하면 영원한 진리처럼 여겨지는 효과가 생겨난다. 우리가 사용하는 모든 언어는 당연한 것이 아니다. 언어와 현실의 관계는 즉자적이거나 자명한 것이 아니라 의도적으로 만들어진 것이다. 언어가 있어야 현실도 인식할 수 있다는 얘기다. 실재란 존재하지 않으며 모든 현실(present)은 특정한 위치(position)에서 언어를 만드는 권력에 의해 구성된 재현(re/present)이다. 여성주의나 후기 구조주의는 '앎을 아는' 과정을 중요시한다. 그리고 이 과정에 적극적으로 개입하고 도전한다.

인간이 만든 지식 중에서 가장 자연화된(naturalization) 학문으로 간주되는 분야는 생물학일 것이다. 여성주의와 생물학은 오랫동안 '암/수'의 구별과 진화(변화)에 대한 논의를 거듭해 왔다. 암수 구별은 생물의 진화를 가늠하는 중요한 표식의 하나로 인식되어 왔다. 그래서 '하등' 동물은 자웅동체고, 포유류와 같은 '고등' 동물은 자웅이체라고 알고 있지만, 이 정의는 이미 자연과학 내부에서도 수많은 도전과 문제 제기를 받아 왔다. 생물학 자체가 자연을 그대로 반영한 지식이 아니다. '하등', '고등' 동물의 분류 방식이나 동물학이 식물학보다 더 '우월하고 복잡하다'는 인식은 1970년대부터 비판을 받았다. 페미니스트 영장류 생물학자인 도나 해러웨이(Donna Haraway)는 결국 과학도 사회가 사용하는 언어의 한 체계라고 주장한다. 과학을 설명하는 언어 자체가 사회적 산물이며, 자연과학 지식의 중립성은 신화라는 것이다.

오늘날 이러한 인식은 상식에 속한다. 그런데도 인간은 여전히 만물의 영장이고, 인간은 여성과 남성으로 뚜렷이 구별되며, 종의 재생산을 위한 출산은 여성의 생물학적 본질이라는 통념은 여전하다. 그리고 이를 거스르는 동성애는 비정상이라는 통념까지. 이러한 통념에 해당되지 않는 사람들이 있다면, 이들은 사람이 아니라고 해야 할까 아니면 우리의 통념을 재고해야 할까. 예를 들어, 여성의 출산은 자연의 질서일까, 사회적 선택일까. 여성주의는 출산이 여성의 의무가 아니라 선택 사항이며, 성별 분업의 하나라고 주장해 왔다. 그리고 당대 한국 사회의 저출산 현상은 이 상황을 그대로 증명하고 있다. 한국 사회는 1970년대

"둘만 낳아 잘 기르자!"는 가족 계획의 슬로건 아래 국가가 여성의 낙태를 주도하고 인구 조절에 앞장서 왔다. 또 한편 우리 사회는 여아 낙태로 악명이 높다. 이러한 현상들은 출산이 인간의 선택이며 사회 정책임을 분명히 보여준다. 특히 현재의 저출산 현상은 여성들의 자기 계발, 사회 진출에 따른 일시적인 현상이 아니라 여성의 고등 교육화에 따른 여성 자신의 적극적이고 전략적인 선택이다. 여성들은 저출산을 통해 자신의 몸에 대한 통제권을 보여주었다. 그러나 이러한 저항은 다시 남성 중심의 인구학("부국강병의 전제는 인구가 많아야 한다")이라는 또 다른 정치와 충돌하고 있다. 이처럼 출산이야말로 대표적인 정치적 의제이다.

더 근본적으로는 자연의 개념 자체, 어디까지가 자연의 영역인가라는 질문 역시 사회적으로 구성된다. 자연은 발견되는 것이 아니라 발명되는 것이다. 인간은 생각하기 때문에 존재하는 것(Cogito ergo sum)이 아니다. 오히려 살아 있기 때문에 생각할 수 있다는 것이다. 죽은 몸은 생각할 수 없다.

신분을 하늘의 질서로 생각했던 (봉건)사회가 사라진 것 같지만 여전히 다른 다양한 형태의 격차가 맹위를 떨치는 시대다. 우리는 계급의 양극화가 신이 정해준 질서, 절대로 변화시킬 수 없는 문제라고 생각하지 않지만 몸의 차이들—성별, 인종, 나이, 장애 등—은 그렇게 생각하는 고정관념이 강하다. 특히 암수(sex)의 구별과 그 '귀결'인 성별은 자연의 질서라고 생각한다.

인간이 양성으로 구성되어 있다는 사고는 인류 역사 전반을 지배해 온 전제였을 뿐 아니라 그간의 언어와 사유 체계가 만들어지는 데 핵심 역할을 해 왔다. 이분법, 짝(pair, 雙)의 논리가 그것이다. 이분법(二分法)은 반반으로 분리된 상황을 묘사한 것처럼 보이지만, 실제로는 주체와 타자가 하나로 묶인 주체 중심의 사고다. 우리가 흔히 "남성 중심적, 서구 중심적, 미국 중심적, 서울 중심적 사고"라고 비판하는 논리는, 말하는 주체(the definer, subject)와 그에 의해 규정된 대상(the defined, object)의 존재를 전제한다. 주체(one)가 자신의 경험을 중심으로 삼아 나머지 세계인 타자(他者, the others)를 규정하는 것, 다시 말해 명명(命名)하는 자와 명명당하는 자의 분리, 이것이 이분법(dichotomy)이다. 즉 이분법은 대칭적, 대항적, 대립적 사고가 아니라 주체 일방의 논리다.

언어는 사회적 약속이지만, 그 약속을 정하는 데 모든 사회 구성원이 참여하지도 않으며, 약속은 계속 변화한다. 세상의 모든 지식은 오해, 오식(誤識), 편견, 고정관념에서 자유로울 수 없다. 객관적, 중립적, 보편적 지식은 존재하지 않는다. 언어를 만드는 사람들의 이해에 따라 진리가 폭력이 될 수도 있고, 백해무익한 정보가 절실한 신앙이 될 수도 있다. 이처럼 언어는 신이 만든 공정한 말씀이 아니라 인간이 만든 사회적 산물이다. 누군가 먼저 말한 사람(주체)이 있는 것이다. 당연히, 언어는 필연적으로 당파적이다. 이분법은 언어가 만들어지는 가장 일차적인 원리다.

언어를 만드는 사람(the self)은 자신과 다른 점을 의미 있게 생각한다. 의미는 차이를 통해서만 드러나기 때문이다. 성별을 포함해서 모든 차이는 이미 존재했던 것이 아니라 언어를 만드는 사람에 의해 규정된 것이다. 이분법적 사고의 핵심적인 문제는 세 가지다. 첫째, 위계를 대칭으로 위장하여 사회적 불평등을 은폐한다. 둘째, '대립'하는 이항 외 다른 존재 혹은 다른 방식의 사고의 출현을 원천적으로 봉쇄한다. 셋째, 남성과 여성의 구분은 이분법적 사고방식의 원형(原型, archetype)으로서 모든 언어의 모델, 척도, 기원, 전형으로서 인류를 지배해 왔다.

이분법적 사고는 남성이든, 여성이든, '제3의 성'이든 모든 인간의 해방과 상상력을 제한한다. 앞서 말했듯이 이 글에서 이분법을 문제 삼는 것은 이분법이 대칭적이지 않음을 밝히려는 것이지, 이분법에서 완전히 벗어나기 위해서가 아니다. 그것은 불가능하다. 실제로는 처음부터 이분법'적' 논리가 없었다면, 어떤 의미도 형태를 갖추기 힘들었을 것이다. 초등학교 국어 시간에 가장 많이 하는 연습은 반대말, 비슷한 말 공부다. 모든 언어가 마찬가지인데 어떤 개념도 홀로 존재하지 않기 때문에 하나의 개념을 이해하려면 반대말이나 유사어에 대한 이해가 동반되어야 한다. 그러지 않으면 사전조차 이용할 수 없다. 사전은 "무엇은 무엇이다"라고 설명하고 있는데 후자의 '무엇'을 모르면 단어를 찾아도 이해할 수 없다.

이분법은 인간의 지식 전반의 구성 원리다. 철학의 이원론(二元論)부터 수학의 이진법(二進法, binarism), 식물학의 차상분기(叉狀分岐, dichotomy)나 대생(對生), 문화 이론의 쌍형상화(雙形象化, co-figuration)까지. 또 일상생활에서 우리가 흔히 사용하는 표현인 '선택', '양자택일', '양단(兩端)간에 결정을……' 이 모두가 이분법에 기초한 것이다. 내가 생각하는 가장 정확하고 '중립적'인 이분법의 의미는 차상분기다. 말 그대로, 하나의 가지가 나뉠 지점에 이르러 교차하면서 갈라지는 같은 크기의 두 갈래 모양이다. Y자 형태로 나눠지는 것이다. Y자는 대치, 균형, 반반(半半)의 모양새다. 이때 각각의 반반은 위계적이지 않다. 이때의 상태는 사회가 직접 개입하지 않은 상태의 반반이다. '역사 이전' 단계다. 이처럼 이분법이 성립하려면 일단 두 개가 있어야 한다는 가정이 있다. 그 두 개의 조합이 이분법의 전제가 된다. 짝(pair), 쌍(雙, duality), 이중(二重) 등등. 그리고 그 두 개는 다음과 같은 여러 가지 관계를 맺고 있다. 대항(counter), 반(反, cons), 안티(anti), 대칭(symmetry), 대립(opposition), 결합(combination), 경합(contesting), 배중률(排中律, the law of the excluded middle, 두 개의 배타적 개념 사이에는 제3자가 존재할 수 없는 논리) 따위가 그것이다.

문제는 둘의 관계다. 어떤 A도 B 없이는 성립하지 않는데, A와 B가 서로 어떤 위상으로 연결되어 있는가는 논쟁적이다. 주체와 타자의 논리에서 이분법이 대등한 A와 B의 관계로 작동하는 경우는 없다. 언어를 만드는 사람들은 자신을 보지 못하기 때문에 자기 이외의 나머지 세상만 묘사한다. 나는 백인 문화가 다른 인종을 자신을 기준으로 해서 자신은 색깔과 무관하다는 의미에서 '유색 인종(color of people)'이라고 부르는 것을 비판한다. 한편 구한말 조선 사람들도 갑자기 나타난 서양인을 보고 자신의 몸과 다른 점을 기준 삼아 '색목인(色目人)'이라고 불렀다. 검은 눈동자도 분명히 색깔이므로 이 단어는 인종 차별적이다. '유색 인종'과 '색목인'의 사회적, 언어적 지위는 같지 않지만 구성 원리는 같다는 것이다.

이처럼 언어의 지위는 언어가 만들어진 역사적 맥락에 따라 달라진다. 언어가 정해지면, 자신과 외부의 차이는 자연스러운 것이 된다. 다시 말해, 이분법은 무엇인가를 자연스러운 것으로 인식하게 만드는 인식의 절차이자 과정이다.

이분법은 근대에 이르러 인간의 기준이 만들어지는 과정에서 결정적 역할을 하였다. 수평이 아니라 기울어진 상태, 아니 아예 종적(縱的)인 상하 관계다. 여성주의는 이분법이 'A'와 'A가 아닌 것(not A/-A)'을 구분하기, 다시 말해 A를 기원(origin)으로, 규범(norm)으로, 진리로 만들기 위한 방식이라는 것을 밝혀냈다. 무엇이 다르다는 규정 자체가 이미 사회적인 것이다. 그리고 그 사회적인 것에는 계급, 인종, 연령, 성별 등 다양한 권력이 개입하고 관련을 맺으며 작동한다.

근대화, 제국주의화 과정에서 백인 남성들은 자신을 기준으로 삼아 인류의 위계를 만들고, 문명화 작업의 이름으로 타인의 삶을 정의하고, 자신의 필요에 따라 노동을 강요해 왔다.("여성은 음식을 만들고, 흑인은 목화솜을 따며, 노동자는 시키는 대로 일해야 한다.") 백인 남성은 A가 되어 보편, 일반, 진리, 기준으로 작동하고 그들과 다른 것은 인간 외(外)로, 다른 범주가 되었다.[3] 물론 A는 백인 남성에 한정되지 않는다. 중산층, 이성애자, 서울 사람, 젊고 건강한 사람, 외모, 학벌, 장애 여부 등에 따라 기준은 언제든지 변화한다. 이처럼 이분법은 두 개가 아니라 하나를 위한 사고다. A가 아닌 것을 사용하고 배치하고 규정할 수 있는 A의 권력을 말한다.

젠더(gender, 性別)는 남성의 여성 지배를 의미한다. 양성은 두 개처럼 보이지만, 실제로는 여성성 하나만 존재한다. 남성성은 젠더가 아니다. 남성적인 것은 남성적인 것이 아니라 보편적인 것으로 간주되기 때문이다.[4]

성별들(genders) – 성별은 몇 개인가

성별은 남/녀로 구성되는 한 쌍이 아니라 다양한 복수(複數)[5]이다. 이 글에서는 세 가지 차원에서 젠더의 복수성(양성의 불가

---

3) Bill Ashcroft, Gareth Griffiths and Helen Tiffin, "BINARISM", *Post-Colonial Studies - The Key Concepts*, Routledge, 2007, pp. 18~21.
4) 주디스 버틀러, 《젠더 트러블-페미니즘과 정체성의 전복》, 조현준 옮김, 문학동네, 2008, 121쪽, 모니크 위티그(1983)에서 재인용.

능성)을 주장하고자 한다. 첫 번째는 우리가 알고 있는 남성과 여성의 개념은 실체가 아니라 규범이고, 두 번째는 LGB/T(Lesbian, Gay, Bisexual/Trans gender)와 성 소수자라고 불리는 이들의 존재다. 세 번째는 간성(間性)인 인터섹스(intersexuals)의 존재다.

가. 남성과 여성, 그들은 누구인가 - 실제와 규범의 불일치

사실, 남성과 여성의 차이가 '실제'로 순수하게 존재하는 경우는 생각보다 많지 않다. 젠더는 나이, 인종, 계급 같은 다른 사회적 모순과 갈등하고 교차하고 조우하는 지점에서 발생한다. 젠더는 원래 복합적으로 작동한다. 그러므로 양성 개념은 여성과 남성을 대립 구도처럼 보이게 할 뿐 남성과 여성 내부의 차이를 말하지 못한다. 우리는 흔히 여성다움이나 남성다움과 관련하여, "남성과 여성의 차이보다 개인별 차이가 더 크다."라고 말하지만, 성별화된 사회에서 인간은 개인보다 특정한 성 정체성 집단의 구성원으로서 강력한 영향과 제재를 받는다. 강력한 성별 규범은 내부의 차이가 드러나지 못하게 한다.

현재 한국 사회에서 가장 '확실하고 유일한' 구별은 주민등록번호 뒷자리뿐이다. 남성은 숫자 1로 시작하고 여성은 2로 시작

---

5) 케이트 본스타인, 《젠더 무법자 – 남자 여자 그리고 우리에 관하여》, 조은혜 옮김, 바다출판사, 2015를 참고할 것. 젠더 이분법에 대해 케이트 본스타인은 말한다. "젠더를 이야기하는 데 이렇게 힘을 많이 쏟아붓다니, 도대체 사람들에게 두 가지 선택지밖에 없었던 시절에는 세상이 어땠을지 궁금하네." 374~375쪽.

한다. 2000년 이후 출생자는 각각 3, 4로 표기한다. 모든 남성이 군대에 가는 것 같지만, 현역병으로 복무하는 남성은 시대에 따라 크게 다르다. 현역 판정 비율은 이를 잘 보여준다. 1986년에는 신체 검사에서 51%의 남성만이 현역 판정을 받았으나 2012년부터 20세 남성 인구가 지속적으로 감소하여 2014년의 징병률(徵兵率)은 89%가 되었고 2020년 이후엔 90% 이상이 될 것으로 예상된다. 이외에도 대한민국 남성 문화의 핵폭탄인 '병역 특혜' 문제로 보면, 4급 이상 고위 공직자 본인의 면제 비율은 일반인의 33배에 달한다.[6] 이처럼 '정상적인 남성'의 범주는 정해져 있는 것이 아니라 시대적, 사회적 상황에 따라 크게 변동한다. 현역 판정 비율과 징병률이 곧바로 현역 근무로 이어지는 것도 아니기 때문에 '남자=군대'만큼 현실과 동떨어진 신화도 없을 것이다.

모든 여성이 출산을 하는 것 같지만, 이 역시 비혼으로 인한 저출산, 딩크족(Double Income, No Kids族)의 출현, '원래' 전체 여성의 20% 정도는 불임이라는 의학적 사실은 출산이 사회적 성 역할이지 여성의 본질이 아니라는 것을 보여준다. '역치(閾値)'[7] 개념을 적용해보자. 조직사회학의 개념인 임계점(critical mass)대로, 전체에서 20~30%가 이질성을 보인다면 같은 범주

6) '인구 절벽 시대 감군 논의해야 되지 말입니다', 〈주간경향〉 1182호, 2016년 6월 28일 참조.

가 아니다. 앞서 말한 대로, 전체 여성의 20% 이상이 불임이든 선택이든 출산을 하지 않는다면, 출산력 여부로 '여성이다/아니다'를 구분할 수 없다는 것이다. 여성이 먼저 존재하는 것이 아니고, 여성성이 먼저라는 것이다.

남성과 여성의 구별에는 '진정한 남성', '바람직한 여성'이라는 전제가 있다. '뚱뚱하고 못생긴 여성'에게 "너도 여자냐."라고 비하하는 행위나 고령의 여성이나 장애 여성이 여성이라기보다 노인이나 장애인으로 분류되는 것은, 여성이라고 모두 여성은 아니라는 것을 의미한다. 여성보다는 그 범위가 넓지만, 남성도 아무나 되는 것은 아니다. 남성들은 돈, 권력, 사회적 지위 등으로 남성성을 증명해야 한다. '키가 작고 가난하고 대머리'인 남성은 '비(非)남성'으로 취급된다. 남성 동성애자들이 흔히 여성 취급을 받는 경우도 마찬가지다.

다시 말해, 모든 것이 성별화된 사회라 해도 우리가 실제로 남성과 여성으로 인식하는 '진짜' 남성과 여성의 범주에 들어가는 사람은 대단히 적다. 그래서 '부자 남성'과 '예쁜 여성'이 욕망의 대상이 되는 것이다. 성별 사회에서 여성은 외모와 나이, 남성은 사회적 자원 여부가 남성과 여성 여부를 판단하는 기준

---

7) 역치의 원뜻은 생물체가 자극에 대한 반응을 일으키는 데 필요한 최소한의 자극의 세기를 나타내는 수치나 영역을 말한다. 정신분석학에서나 사회과학에서는 이 개념을 응용하여, 특정한 숫자나 기준을 넘어서면 대상의 성격이 변화한다는 의미의 '문턱(threshold)'으로 사용한다.

이다. 모든 인간은 인간이기 전에, 남성과 여성이어야 하는 젠더 사회에서, 여성과 남성은 진정한 남녀가 되기 위해 노력한다. 신자유주의 사회에서는 상대방의 기존 자원까지 갖추어야 하는 압력이 추가되었다. 요즘 여성은 젊고 예쁜 데다 '능력 있는 개념녀'여야 한다. '아줌마'는 여성이 아니고('아저씨'는 비칭이 아니기 때문에 남성으로 간주된다), '노숙자 남성'은 남성이 아니다. 생물학적으로는 남성이나 여성이되, '스스로 만족하지 못하는', '사회가 싫어하는', '저렇게 되고 싶지 않은', '바람직하지 않은', '매력적이지 않은', '함부로 대해도 되는' 사람은 남성과 여성이 아니다. 한편, 갓난아이나 노인은 성별 범주 이전에 나이가 더 먼저 적용되는 구성원들이다. 이는 간혹 인종이나 특수한 직종에 종사하는 사람(무속인, 종교인……)에게도 적용된다. 이처럼 남성과 여성은 문화적 구성물이며 규범의 산물이지 생물학적 분류가 아니다.

나. 규범적 젠더 체계의 예외들

동성애자, 양성애자, 이성애자의 존재는 아마도 양성 체제가 허구라는 가장 강력한 반증일 것이다. 대개 동성애자 문제는 '소수자에 대한 관용'이나 '다양성 존중'의 차원에서 논의되지만, 한편 이는 이성애를 당연시하는 사고의 산물이다. 동성애가 선택인가, 타고 나는가 등의 논쟁이 있지만 이성애자에게는 이런 질문을 하지 않는다는 점에서 동성애 역시 이성애만큼이나 자연스럽거나 혹은 부자연스러운 현상일 뿐이다. 인간의 성적 행동, 소수자의 개념과 숫자도 이에 따라 달라진다. 동성애자는 통상 어느 사회에나 전 인구의 2~15% 정도로 추정되는데 문화적 조건, 성별 규범과 이성애 제도의 강제성 정도에 따라 유동적이다.

양성 체제에서 누가 남성이고 여성인가를 가르는 기준[8]의 하나는, 생식과 성적 지향이다. 내가 남성인데 남성에게 사랑받기를 원하면 남성이 아닌가? 내가 여성인데 여성을 사랑하면 여성이 아닌가? 가부장제, 젠더 체제는 모두 이성애 제도 없이는 작동하지 않는다. 남녀 간의 섹스와 생식, 성적 긴장을 가장 중요한 성차라고 생각하는 이들도 많다. 여성(남성)을 규정하는 수많은 개념의 핵심은 성적 활동(sexuality)이다.

트랜스젠더의 존재만큼 성별이 만들어지는 것임을 보여주는 사례가 있을까. 트랜스젠더 여성의 경우를 보자. '생물학=자연'으로 생각한다면 우리는 트랜스젠더 여성을 남성으로 태어났으나 자신을 여성이라고 생각하고 그렇게 되기를 욕망한다고 이해할 것이다. 하지만 트랜스젠더 여성은 남자로 태어나서 여자를 욕망하는 존재가 아니라 수없이 많은, 만들어진 여성 중 하나이다.[9]

---

8) 규범적 젠더 문법의 다양한 사례와 역사, 이론에 관해서는 권김현영, '남장여자/남자/남자인간의 의미와 남성성 연구 방법', 권김현영 엮음, 《남성성과 젠더》, 자음과모음, 2011을 참고.
9) 트랜스젠더에 대한 필독 고전으로는 수전 스트라이커, 《트랜스젠더의 역사 – 현대 미국 트랜스젠더 운동의 이론, 역사, 정치》, 제이·루인 옮김, 이매진, 2016을 참고.

타인이 인식하는 성별과 나의 정체성이 일치하지 않는 경우, 수술이나 호르몬 요법을 통한 의학적 조치나 상담[10] 과정을 거치지 않더라도 자신의 외양과 상관없이 다른 성별로 자신을 인식하며 살아가는 이들도 있다. 여성으로 태어났으나 자신을 남성이라고 생각하며, 수술을 하지 않더라도 몸과 마음을 트랜스(변환)하여 남성으로 살아갈 때 우리는 그를 "FTM(Female to Male) 트랜스젠더"라고 한다. 실제로 그렇게 살다 보면 남성처럼 보이는 정도가 아니라 '진짜 남성'이 된다. 이것이 몸의 체현(embodiment)이다.

그러나 사회적 규범에 맞는 성적 외양을 갖추려고 노력하는 경우가 더 많다. 한국 사회에서 보편화된 성형 수술과 수술 반복이 그것이다. 특히 남성에서 여성으로 전환한 트랜스젠더들을 위한 미인 대회와 이들의 아름다운 외모를 향한 노력은 정체성에 맞는 성별화된 몸을 만드는 과정을 잘 보여준다.

다. 해부학은 운명으로 만들어질 뿐이다 – 인터섹스

그렇다면 남성과 여성을 구분하는 가장 '완벽한(정확한, 확실한, 과학적인, 자연스런……)' 기준이라고 여겨지는 성징(性徵), 성기(性器)가 태어날 때부터 '특수'하다면, 이 같은 인터섹스는 '장

---

10) 이에 대한 자세한 내용은 루인, '괴물을 발명하라 : 프릭, 퀴어, 트랜스젠더, 화학적 거세 그리고 의료 규범', 한채윤 엮음, 《성의 정치 성의 권리》, 자음과모음, 2012.

애' 혹은 '기형'인가? 장애나 기형의 범위는 어떻게 정해지는가?

예를 들어 겉모습은 여성으로 태어났으나 체내 대부분은 남성의 해부학적 기관을 가지고 있는 경우, 일반적인 크기의 남성과 여성의 성기를 갖고 태어난 것처럼 보이지만 여성의 음핵이 지나치게 크거나 질 입구가 막혀 있거나 남성의 페니스와 음낭이 너무 작은 경우, 혹은 남성 성기가 작고 분리되어 소음순처럼 생긴 이들이 있다. 이들을 인터섹스라고 한다. 인터섹스는 생식적으로 혹은 성적 해부학(sexual anatomy) 측면에서 볼 때 여성, 남성이라는 전형적인 범주에서 벗어났다고 간주되는(seem) 이들을 통칭하는 용어이다. 사례는 수없이 많고 다양하다. 새로운 형태의 인터섹스가 태어났다고 해도 인지되거나 보고되지 않은 경우가 많을 것이다.

인터섹스로 태어나지 않은 경우라도 사춘기까지 모르고 있다가 어른이 되었을 때, 사후 부검 때, 불임이라는 사실을 알았을 때 인터섹스임을 알게 되기도 한다. 즉 인터섹스는 반드시 '태어날 때'만의 조건은 아니며, 평생 자신이 인터섹스인 줄 모르고 사망하는 경우도 있다. 실제로 성적 해부학 측면에서 어떤 경우가 인터섹스로 간주되는지는 사람마다 모두 대답이 다를 것이다. 이는 놀라운 현상이 아니다. 인터섹스는 흔히 태어난다. 그 자체로 정상(natural category)이라는 얘기다. 즉, 성차를 절대시하는 가부장제 사회에서만 인터섹스는 문제가 된다.

남성의 여성화를 촉진하는 '클라인펠터(Klinefelter) 증후군 환자'는 흔하다. 2013년 대전을 비롯한 충청권에서만 50명이 보고 되었는데[11] 사실 이조차 그다지 의미 있는 숫자는 아니다. 성별 사회가 이들을 '돌연변이, 기형, 발육 부진'으로 잘못 인지하기 때문이다. 클라인펠터 증후군은 인터섹스의 증상 중 가장 빈번한 경우인데, 남성 호르몬 치료를 받을 수 있는데도 부모가 지나치게 놀라거나 산모가 출산 후 자살하는 사건이 발생하기도 한다. 이는 그만큼 성차에 대한 완고한 통념을 반영하는 것이다. 현재 스포츠계에서도 생물학적으로 성별을 구분하는 기준 자체가 없다. 외부 생식기-염색체−SRY(Sex-determining Region Y, Y염색체 결정 영역) 유무로 논쟁이 진행되다가 SRY가 있다고 모두 남자가 되는 것이 아니라는 것까지 밝혀지고 나서, 아예 기준을 없앤 것이다. 이제는 올림픽에 트랜스젠더 선수도 출전이 가능하다.[12]

인터섹스는 통념처럼 특별한 현상이 아니다. 과도한 사회적 의미를 부여함으로써 문젯거리가 된 것이다. 다른 말로 표현하면, 섹스 스펙트럼도 컬러 스펙트럼처럼 생각할 수 있다. 자연 세계에는 저마다 다른 파장, 주파수(wavelengths)가 있고 이는 빨강, 파랑, 오렌지, 노란색 따위로 변색된다(translate). 그러나 우리는 인위적 필요에 의해 그리고 다른 색깔과의 차이를 통

---

11) '클라인펠터 증후군을 아시나요?', 〈중도일보〉, 2015년 4월 7일; '나의 몸(14)', 〈한겨레〉 토요판, 2013년 12월 7일 참조.
12) 이 부분의 내용은 한채윤의 지적과 정보 제공에 크게 도움받았다.

해, 오렌지와 레드 오렌지를 구별한다. 이 두 가지 색이 구별되지 않는다는 것이 아니라 구별될 필요가 있을 때 구별된다는 것이다. 마치 평소에는 아무 의미가 없다가 흑백이라는 구분이 필요할 때, 그 색깔을 호출하는 것과 마찬가지다. 섹스 스펙트럼이 바로 이것이다. 자연은 섹스 해부학 스펙트럼을 보여준다. 인간의 생식 기관은 크기, 모양, 형태가 다 다르다.

여아에서 나타나는 남성화의 원인 중 대표적 원인인 선천성 부신 증식증(Congenital Adrenal hyperplasia)은 대략 출생아 14,000명당 1명꼴로 나타나는 것으로 알려져 있다. 일반적으로 남성의 염색체는 46XY이지만 X염색체가 1개 이상 더 존재하는 (XXY) 클라인펠터 증후군은 1,000명당 1명이다. 인터섹스 인권 운동가들이나 산부인과 의사의 개인적 판단에 따라, 100명당 1명으로 보는 전문가들도 많다. 정확한 기준이 되는 남녀의 성기 모양은 없기 때문이다.[13]

13만 명 중 1명은 유전적 돌연변이로 인해 부분적으로 안드로겐 수용기가 정상적으로 기능하지 못하는 상태로 태어난다. 이 안드로겐 무감성 증후군(Androgen insensitivity syndrome)을 지닌 남성 태아의 몸에서는 신체 세포들이 안드로겐에 반응하지 못하기 때문에 여성 외부 생식기가 발달하게 된다. 질의 발

---

13) 이러한 비율의 차이는 그만큼 몸(성기)의 정상성 개념이 사회적으로 구성된다는 것을 의미한다.

육 부진(vaginal agenesis) 상태로 태어나는 경우는 6,000명당 1명, 난소와 고환 조직을 모두 가진 채 태어나는 경우(ovotestis)는 83,000명당 1명, 성기 모양을 '정상화'하는 수술을 받는 태아는 1,000명당 1명 혹은 2명이다.[14] 위 숫자는 미국 한 대학 연구소의 통계지만, 대체로 성 소수자 전문가들은 이보다 훨씬 많다고 추정한다.

역사상 가장 유명한 인터섹스는 에르퀼린 바르뱅(Herculine Barbin, 1838~1868)일 것이다. 그/그녀가 직접 회고록을 남겼으나 1980년, 한 출판사에 의해 미셸 푸코의 서문과 각종 자료, 그/그녀 생애를 모델로 한 단편을 모아 정식 출간되었다.[15] 그/그녀는 1838년 프랑스 생장당젤리(Saint-Jean-d'Angély) 지방의 평범한 가정에서 태어나 소녀 '알렉시나(Alexina)'로 자랐다. 집은 가난했지만 자선 장학금을 받고 성(聖) 우르술라(Ursula) 수녀회에서 공부할 수 있었다. 여자로 길러졌지만 10대 후반까지 초경이 없었고 유방이 발달하지 않았다. 오히려 수염이 나는 등 남성의 2차 성징이 나타나기 시작했다.

---

14) 이 내용은 미국 캘리포니아대학교 로스엔젤레스 캠퍼스(UCLA) 법과대학의 윌리엄스 연구소의 내용을 필자가 요약하고 발췌한 것이다.(http://williamsinstitute.law.ucla.edu/wp-content/uploads/Gates-How-Many-People-LGBT-Apr-2011.pdf와 http://www.isna.org/faq/frequency를 참조할 것.) 이 수치는 계속 변화하거나 업데이트될 수 있다. 필자가 검색한 날짜는 2016년 1월이다.
15) Herculine Barbin, Michel Foucault, *Herculine Barbin : Being the Recently Discovered Memoirs of a Nineteenth-Century French Hermaphrodite*, trans. by Richard Mcdougall, Pantheon Books, 1980.

이후 그녀는 의사에게 검사를 받고 자신이 남성임을 알게 되었고 법적으로도 남자라는 판결을 받는다. 판결 이후 연인과 직장을 모두 떠나 이름을 '아벨 바르뱅'으로 바꾸고 파리로 옮겨 갔다. 파리에서 가난하게 살면서 회고록을 집필했는데, 자신이 여성이었을 때는 여성 대명사로, 남성이었을 때는 남성 대명사로 서술했다. 그러나 '진정한' 젊은 남성 정체성에 적응하지 못한 그는 결국 자살로 생을 마감한다. 무수한 그/그녀의 이름은 삶을 반영한다(Adélaîde Herculine Barbin, Alexina Barbin, Abel Barbin, Camille Barbin……). 매년 10월 26일은 세계 간성(間性) 인식의 날(intersex awareness day)이다. 그/그녀의 생일을 기념해 1996년 보스턴에서 열린 미국 소아과학회에서 간성 인권 활동가들이 최초로 벌인 시위를 계기로 하여 제정되었다.

인터섹스의 존재를 인식하는 것은 생물학과 사회학에 대한 기존의 인식 모두를 바꿔야 하는 일이다. 성 정체성 이해(理解)를 둘러싼 생물학과 사회학의 경계는 점차 흐려지고 있다. 수많은 논쟁을 불러일으킨, 프로이트의 말대로 "해부학은 운명"인 것처럼 보인다. 하지만 해부학과 성 정체성의 관계를 어떻게 해석하는지는 간단하지 않다. 해부학은 운명의 일부이다. 동시에 운명이 아니다. 오늘날 누구도 운명에 순응하며 살지 않을 뿐 아니라 과학의 발달로 해부학 자체가 끊임없이 문제시되기 때문이다.

이중 노동으로서 양성평등 – 성별 분업의 근본적 문제

평등 개념의 문제

보편적으로 추구해야 할 민주주의 가치이자 자유주의의 최고 이념으로 간주되는 평등은 사실 쉽게 부정될 수 있는 매우 '취약한 사상'이다. "모든 인간은 법 앞에, 신 앞에 평등하다."는 정언은 특수성 담론을 앞세워 언제든 폐기될 수 있다. 특수성 개념은 예외를 만드는 배제의 정치의 핵심이다. 모든 현상은 일반화할 수 없기 때문에, 즉 하나의 버전(uni/versal)일 수는 없기 때문에 차이는 언제든 발생한다. 권력은 이 차이를 특수라는 예외로 만든다. 그러므로, 보편성은 권력에 의해 구성되는 것이지 고정된 것이 아니다. 평등은 희망이자 지향이지 현실이 아니다. 현실에서는 강자의 보편만이 보편이고, 약자의 보편은 특수로 간주된다. 보편의 폭력성과 권력 의지는 '특수'라는 개념 없이는 존재할 수 없다. 보편과 특수는 짝을 이루면서 권력의 필요에 따라 평등, 자유, 민주주의 같은 가치를 특정 사회 구성원에게는 적용할 수 없다고 주장할 수 있다. 이 예외의 정치에서 자신을 보편적 주체로 생각하는 사람들의 이해관계에 따라 예외의 의미가 임의적으로 정해진다. 이들은 시기상조, 일시적 차별, 생물학적 차이, 관용, 배려, 시혜, 다양성 등 여러 가지 이름으로 지배 전략을 구사한다.

보편성의 반대는 특수성이 아니라 차이다. 이 차이를 '또 하나의 보편'으로 드러낼 때, 기존의 보편성이 실제로는 편파적이고 당파적임을 인식할 수 있다. 특수성은 보편의 하위 개념인 반면, 차이는 보편성의 전체주의를 문제 제기할 수 있는 보편과 동등한 개념이다.

몇몇 사람만 평등했던 영역(sphere)에 새로운 사람이 들어온다는 의미의 평등 개념에서는, 기존에 기득권을 누리던 사람들이 이질감을 느끼기 마련이다. 이 이질감은 누가 해결해야 할 문제인가? 이 점이 '양성평등'이 정의(justice)로서의 평등이 될 수 없는 이유다. 여성이 남성의 기준에 맞추는, 남성과 똑같은 대우를 받는다는 의미의 평등은 그것을 실현하는 데도 수많은 어려움이 따르지만 이러한 의미의 평등은 특히 기득권 세력과 같아지는 것을 의미하기 때문에 문제다. 여성주의는 남성과 같아지는 것('높아지는 것')이 아니라 기존의 사회를 변화시키는 것이다.

현실에서 평등은 남녀 모두에게 윈윈 게임이 될 수 없다. 여성의 지위 변화가 남성의 지위 변화로 연결되는 경우는 없기 때문이다. 다른 계급과 인종의 여성이 기존 여성의 자리를 대체한다. 중산층 가정에서 기혼 여성의 경제력과 교육 수준이 향상되었다고 해도, 이것이 남편의 가사 노동으로 이어지지는 않는다는 현실이 대표적인 예이다. 이것이 우리가 알다시피, 가난한 나라의 여성이 가사 노동자로 부자 나라에 이주하는 '이주의 여성화'이다.

평등해지고 싶은데, 남성들 중 누구와 평등해질 것인가 역시 미봉된 문제다. 누구와 평등해질 것인가. '노숙인', '빈민', '알코올 중독자'와 평등해지고 싶은 여성은 없을 것이다. 최소한 양성평등은 남성 중산층과의 평등을 의미한다. 한편, 이러한 평등이 현실화되면 남성의 반발은 필연적이다. 즉, 남성 사회에서 양성평등을 바라보는 전형적인 논리, "남성들끼리도 경쟁하기 힘든 판에 여자들까지 끼어든다."는 이데올로기가 힘을 얻게 되고 여성에 대한 혐오로까지 발전한다. 이처럼 양성평등은 갈등, 대립 논리일 수밖에 없다.

남성 집단 전체 대(對) 여성 집단 전체의 평등은 불가능하기 때문에 실제 평등 논의가 전개되면, 소수 여성을 대상으로 한 동원이나 포섭의 형태를 띤다. 물론, 그마저도 '간택'의 형식을 띤다. 기존 사회에 대한 문제 제기 없는 평등은 실현 여부 이전에 실현의 의미가 없다. '더 나쁜 세상 만들기'에 여성도 동참할 것이 아니라면 말이다.

평등 개념은 개인의 고유함(in/dividual, 타인과 공통분모가 없는, 양도 불가능한, 분할할 수 없는 몸)에 근거를 둔 가치다. 다시 말해, 평등은 다른 사람과 같아지는 것(sameness)이 아니라 한 사람으로서 다른 이들과 공정한 대우(fairness)를 받는 것이다. 그러나 개인의 상황은 모두 다르기 때문에 평등은 언제나 논쟁적이고 경합적이다. 또 평등은 '적용'될 수 없는 것이며 그래서도 안 된다. 적용의 주체와 대상의 구별 자체가 바로 정치의 시작이다.

이중 노동으로서 평등

이제까지 여성주의는 평등, 자유, 선택과 같은 보편적 가치들을 여성에게도 적용하자는 주장이었고 또 그렇게 받아들여졌다. 정확히 말하면, 이러한 입장은 여성주의 자체는 아니고 서구에서 근대 초기에 등장했던 자유주의 여성주의(liberal feminism)이다. 자유주의 여성주의는 여성도 남성과 같은 개인이라는 인식에서, 같은 시민으로서 공적 영역에서 활동할 기회와 조건의 평등을 요구한다.

나는 당대 한국 사회의 여성 운동을 자유주의 여성 운동으로 평가할 수 있을까라는 의문을 품고 있다. 나는 이제까지 한국 여성 운동의 실제 성격은 여성의 이해를 실현한다기보다 공적 영역 진출, 사회 참여, 여성의 노동과 역할의 확대였다고 본다. 그리고 그 과정에서 여성주의 논리가 필요했다고 생각한다. 이러한 나의 입장은 여성 운동에 대한 부정적인 평가가 아니다. 노동자로서 여성의 사회 진출 확대는 해방 이후 박정희 시대부터 한국 사회가 요구했던 전 국민 동원 체제하의 근대화와 경제 발전 과정의 일부였다. 이후 1990년대부터 시작된 한국의 전 지구적 자본주의 편입과 어느 대기업의 구호처럼 '영토 확장' 과정에서도, 여성의 노동이 여성 주체를 가시화하는 데는 성공했지만 이를 여성의 지위 향상으로 평가하기에는 더 많은 논쟁이 필요하다고 본다.

애초에 우리 사회에서 여성은 남성과 평등한 존재라기보다

'발전', '개발'되어야 할 존재로 다루어져 왔다. 5공화국 초기 만들어진 "한국여성'개발'원", 김영삼 정부 시기 "여성'발전'기본법"이 대표적이다. 그리고 이제 이 담론들은 새로운 가치인 '양성평등'으로 바뀌고 있다. "양성평등기본법", "한국양성평등교육진흥원" 등이 그것이다.

정부 부처인 '여성가족부'의 공식 영어 명칭은 'Ministry of Gender Equality & Family'이다. 정부 기구나 여성 단체의 명칭뿐 아니라 일상적 대화에서도 '양성평등'은 의심할 여지 없이 페미니즘 그 자체이자 목표로 인식되었다. 그러나 'gender equality'의 의미는 성별/들 간의 평등이거나 성별 제도로 인한 차별 시정을 뜻하는 것이지, 양성 간의 평등이 아니다. 나도 전략적 차원에서 간혹 '양성평등'이라는 용어를 사용하지만, 양성평등은 여성주의의 덫이다. 여성주의의 목적 중 하나는 사회 정의로서 성차별을 철폐(완화)하는 것이지, 남녀 평등을 실현하는 것이 아니다. 오랜 역사도 역사지만, 집단과 집단이 평등해지는 것은 불가능하기 때문이다.

영어의 'gender equality'가 '양성평등'으로 번역되면서 더 큰 논란이 발생했다. 김대중 정권이 제시한 '지역등권론'의 경우 평등은 '같음, 평준화'를 의미했다. 지역과 중앙 사이의 권력 그리고 각 지역 간의 빈부, 문화, 교통, 환경 등의 격차를 줄인다는 의미이기 때문이다. 이때 평등 개념은 큰 무리가 없다.

그러나 양성평등 담론의 근본적인 문제는 남성의 성 역할과 여성의 성 역할 위계를 비판하지 않은 상태에서, 남성을 기준으로 한 논리라는 데 있다. "남자 못지않은 여자", "계집애 같은 놈", "집에 가서 애나 봐라", "집에만 있기엔 아까운 여자" 등으로 표현되는 뿌리 깊은 인식은 남성, 여성과 관련된 제반 의미와 기호가 이미 매우 위계적임을 보여준다. 이런 상황에서 당연히 양성평등은 남성이 여성과 같아지는 것이 아니라 여성이 남성과 같아지는 것을 의미한다. 같은 맥락에서 한국 사회에서 남성이 여성과 같아지는 것은, 사회적 지위의 추락이나 동성애자가 되는 것, 못난 남자가 되는 것을 의미한다.

가장 많은 이혼 사유 중의 하나인 가사 노동 분담의 경우, 맞벌이 남편은 일 년에 한두 번 하는 지하실 청소를 맡고 아내는 매일매일의 노동인 반려 동물에게 밥을 주는 것으로 분담에 합의를 본 것을 사람들은 '평등'하다고 말한다. 혹은 맞벌이 남편은 청소를 하고, 아내는 요리를 하는 것으로 '평등하게 가사 분담'을 한다. 문제는 남편은 일 주일에 한 번 청소를 하지만, 매일 아침밥을 요구한다는 것이다.

젠더가 작동하는 근본 구조는 변함없는 상태에서, 자유주의 차원의 평등은 남성에게는 오해와 반발만을, 여성에게는 허울뿐인 평등을 약속할 뿐이다. 한국 사회에서 '사적 영역'의 변화 없이는 여성의 지위는 별다른 변화가 없을 것이다. 주지하다시피, 대부분의 여성은 평등으로 '오해되는' 사회 진출을 하고 있다. 거의 모든 여성이 '사회'에 나와 있다(즉, 집은 사회가 아니라고 인식된다). 특히 IMF 구제금융 사태 이후 신자유주의의 광풍과 불안 속에서 여성의 노동 시장 진출은 급격히 증가했다.

그러나 여성이 집 밖으로 나와 사회로 진출한, 그 내용은 무엇인가? 이중 노동, 워킹 푸어, 비정규직의 여성화, 빈곤의 여성화, 남녀 임금 격차의 지속…… 사회 진출 자체가 평등 혹은 여성 상위로 인식되는 것은 그만큼 "여성이 있을 곳은 집"이라는 강력한 의식의 반영일 뿐이다.

여성의 사회 진출이 노동 시장 진출이든 사회 운동이든 지식 생산이든 지하 경제('black' economy)든 간에 일하지 않는 기혼, 비혼, 미혼 여성은 거의 없다. 여성들의 공적 영역 진출에 비해, 남성들의 사적 영역으로의 진입은, 즉 가사 노동, 육아, 돌봄 노동은 '없다'. 여성 인구는 거의 모두 공사 두 영역에서 노동하지만, 남성 인구는 극히 일부만이 사적 영역의 노동에 종사한다(거의 없다고 해도 과언이 아니다). 대중문화에서는 가사 노동을 하는 남성을 역할 분담 혹은 양성평등의 증거라기보다는, 남성성의 위기이자 역차별 혹은 여성 상위로 묘사한다.

이러한 상황에서 여성의 사회 진출은 여성 해방이 아니라 이중 노동일 뿐이고 노동조합, 지역 사회, 진보 정당, 학부모 역할까지 요구될 경우 삼중, 사중 노동이 된다. 여성들은 이에 대한 자구책으로 비혼(저출산)과 파트타임(비정규직) 선호, 다른 여성(시어머니, 친정어머니……)의 희생과 연대로 사적 영역에서의 노동 부담을 견디고 있다. 근대 경제학의 전제는 노동과 소비의 대립, 그 대립의 성별화이다. 이러한 상태에서 중산층 가정의 이미지는 여성 전체를 소비 주체로, 남성 전체를 노동 주체로 재현하였다. 이는 물론 사실이 아닌 완벽한 신화이지만, 노동하는 남성과 소비하는 여성의 이미지는 너무도 강력하다. 문제는, 그리고 요지는 여성에게 '소비'는 가사 노동이라는 것이다.

여성의 지위는 평가하기 어려운 지표이다. 경제력과 교육 수준이 높다고 해서 가정 폭력과 성폭력에서 자유로운 것도 아니고, 한국의 여성 지위가 특히 제3세계와 다른 점은 교육 수준(최상층)과 노동 시장 진출(최하위)이 극도로 반비례한다는 점이다. 이러한 구조에서 고학력 여성들은 비혼을 택하거나 노동 시장에 진출하는 대신 중산층 가정의 신화를 현실로 만드는 데서 자아를 실현하려고 한다. 여성들은 가족 내 성 역할에 충실함으로써, 특히 자녀 교육을 인생의 목표로 삼으면서, 한국 사회 특유의 가족주의를 만들어낸다. 학벌, 계급, 부동산 문제 등 사회 부정의를 양산하고, 여성에 대한 혐오를 가중시킨다.

이러한 현상은 분명히 젠더-계급 동맹을 주도하는 여성 주체의 문제이다. 노동 시장의 남성 중심적 제도와 문화는 단시일에 변화될 수 있는 사안이 아니다. 여성들은 지난 30여 년간 최선을 다했고 그만큼 깨달아 가고 있다. "나는 엄마처럼 살지 않을 거야."에서 이제는 "엄마, 다시 태어나면 그 남자(아버지)랑 결혼하지 마. 나 낳지 말고 엄마 인생 살아."라고 외친다. "엄마처럼 살지 않을 거야."라고 외친 딸들의 반면교사가 된 여성들이나 그 이후의 여성들이나 달라진 것이 없다는 얘기다.

평등의 기준이 경쟁, 승부, 부패, 우열이 작동 원리인 남성 중심의 '사회'인 한, 진정한 양성평등은 없다. 평등한 세계에 대한 대안적 사고가 가능해지고, 발상의 전환이 이루어져야 한다. 그중 하나가 돌봄 노동이든, 자연에 대한 새로운 관점이든, 평등보다 책임감으로의 여성주의 윤리의 전환이든 다른 세계가 기준이 되어야 한다.

비유하자면, 《거대한 전환》(칼 폴라니)에 몇 배에 해당하는 발본적(拔本的, radical)인 변환이다. 이 글의 결론은 다음과 같다. 국가는 국가 경쟁력을 위해 여성을 임의적, 일시적으로 '사용하고 버리기'를 반복하는 여성 노동력 동원을 "일과 가정의 양립" 정책이라고 속이지 말고, 시민 사회와 여성 운동 세력은 여성의 과다한 노동 상황을 "여성의 지위 향상", "여성 운동의 발전"이라는 주장의 근거로 삼지 말아야 한다.

여기서 공동체, 남성, 여성의 관계를 생각하게 된다. 사회학자 후루이치 노리토시의 《아이는 국가가 키워라 – 보육원 의무교육화》는 맞는 말 같아 보이지만, 비현실적 주장이다. 왜 아이를 국가가 키워야 하는가? 나는 이 진부한 주장을 이해할 수 없다. 왜 남성들은 아이를 "키우겠다", "키워야 한다"고 스스로 말하지 않는가. 왜 그들에게 육아는 언제나 남(여성, 국가, 사회)의 일인가. 말할 것도 없이 육아는 사회의 책임이다. 그러나 남녀에 따라 다르다. 이제까지 여성의 일생은 육아와 맞바꾸어 왔다고 해도 과언이 아니다. 그의 주장이 실현되려면, 모든 남성이 최소 10년 이상은 집에서 아이를 키워야 한다. 그 전까지 국가는 절대로 아이를 키우지 않을 것이다.

나는 육아에서 국가보다 남성 개인의 인식과 태도가 훨씬 중요하다고 본다. 국가는 남성을 '따라갈' 뿐이다. 육아가 여성 운동의 의제인 것 자체가 잘못이다. 육아는 남성의 성 역할이 되어야 한다. 남성도 여성이 겪는 육아와 모성으로 인한 죄의식, 스트레스, 자기 분열, 커리어 포기 경험을 겪어야 한다.

육아와 가사를 전적으로 여성에게 떠넘기면서도 엄마들을 '맘충(mom蟲)'이라고 부르는 한국의 미소지니 문화에서 육아 인프라는 절실하다. 그러나 정책과 예산을 결정하는 최고 권력자가 '육아로 고통받는' 남성 대중의 압력을 받지 않는 한, 질 좋은 보육원은 공약에 머물 것이다. 여성주의 경제학자 낸시 폴브르의 지적대로 육아와 가사 노동은 '아웃소싱'이 어려운 분야다.[16] 집안일은 연속적이라 교대와 의사소통, 합의가 쉽지 않고 여러 사람이 분담하기 힘들다. 한 사람이 일정 시간 일한 이후, 순서를 바꾸는 것이 합리적이다. "벌써 빨래 돌렸니? 안 돌려도 되는데", "찌개가 쉬도록 뭐했냐", "왜 그걸 버렸어? 쪄서 먹으면 되

---

16) Nancy Folbre, *Who Pays for the Kids?*: *Gender and the Structure of Constraint*, Routledge, 1994.

는데"…… 가사 일도 이러한데 육아는 24시간 지속적 돌봄 노동이다.

'메갈리아'의 모태가 된 《이갈리아의 딸들》의 세계는 단순한 말의 미러링 세계가 아니었다. 사적 영역에서 남성의 노동이 사회적·정치적 이슈로 전면에 등장하기 전까지, 평등 논쟁은 의미가 없다. 말을 '넘어서' 노동의 '교환'으로서 미러링이 내가 생각하는 '조화로운 여성주의'다. 이제까지 여성주의는 성별 분업(gender division of labor)에 반대해 왔지만, 사실, 성별 분업이 제대로만 지켜져도 여성들의 중노동은 경감될 것이다. 현실에서 성별 분업은 남성은 남성의 일을, 여성은 여성의 일을 하는 것이 아니다. 일부 남성만이 성 역할에 충실하고, 대다수 여성들은 공사 영역에서 이중, 삼중의 노동을 한다. 여성의 사회 진출이 양성평등이 아니다. 여성주의의 패러다임은 '평등'에서 돌봄, 차이에 대한 감수성, 사회 정의, 지속 가능한 지구에 대한 책임 등으로 급속히 이동 중이다.

남성들은 자신의 삶에 아무런 변화 없이, '양성평등'에 두려움을 느낄 것이 아니라 여성주의를 보편적인 사회 정의로 인식해야 한다. 동참까지 바라진 않지만, 한국 남성들은 자기 계발과 시간 기획처럼, 인간으로서, 가족 구성원으로서 자기 관리부터 선행해야 할 것으로 보인다. 2015년 여성가족부의 조사에 따르면 매출액 상위 100개 대기업 여성 임원 비율은 2.3%이다. 한국의 남녀 평균 임금 격차는 100:52~62 사이를 몇 년째 맴돌고 있다. 남성은 여성의 두 배 정도의 임금을 받으면서 집안일은 하지 않는다. 통계청에 따르면, 맞벌이 부부의 경우에도 남성의 가사 노동 시간은 여성의 6분의 1에도 못 미친다.

이런 상황에서 '여성 상위'는 어불성설이다. 늦은 귀가 시간, 세계 최고의 술 소비량, 매일 매일의 회식…… 이러한 일상 문화의 변화가 선행되어야 한다. 가사와 육아 노동에서 면제된 남성이 스스로 그 노동에 참여할 가능성은 거의 없다. 다만 현재 한국 사회가 여성의 노동으로 유지되고 있음을 인정하고 성차별이 극심한 사회에서 남성이 할 수 있는 최소한의 역할에 대한 개인적, 사회적 모색을 제안해야 한다.

이것은 가장 기본적인 사회 정의의 문제이자, 남성 개인의 양심의 문제이다. 젠더 문제에 관한 한 남성에게는 '양심의 자유'보다 '양심의 의무'가 더 중요하다. 나는 수천 년 동안 이어진 여성 문제에 대한 '외면의 정치'가 인간 본성으로 굳어질까 두렵다. 사회는 '여성 문제'를 부담이나 갈등으로만 여기지 말고, 여성주의에서 대안적 삶의 지혜를 찾아야 한다.

음란과 폭력을
다시 생각한다

- ○○○지검장 사건과 퀴어 범죄학

루인 | 트랜스/젠더/퀴어연구소와 한국퀴어아카이브 퀴어
락에서 공부하고 있다. 트랜스젠더퀴어 인식론을 모색하
고 그 정치학으로 역사와 문화를 다시 쓰고 있다. 《젠더
의 채널을 돌려라》, 《남성성과 젠더》, 《성의 정치 성의 권
리》, 《여성 혐오가 어쨌다구?》를 함께 썼고, 《트랜스젠더
의 역사: 미국 트랜스젠더 운동의 이론, 역사, 정치》를 함
께 번역했으며, "Discussing Transnormativities through
Transfeminism: Fifth Note" 등의 글을 썼다. 그 밖에 지
금까지 쓴 모든 글은 www.runtoruin.com에서 확인할
수 있다. 나의 고양이 리카, 바람, 보리에게 특별한 사랑
을 전한다. runtoruin@gmail.com

전 지방검찰청장 사건의 등장

2014년 8월 13일 새벽, 한 '남성'이 공연음란죄로 붙잡혀 제주 동부경찰서에 입감되었다. 유치장에서 하룻밤을 보낸 뒤 조사를 받았지만 그 '남성'은 자신의 죄를 부인했다. 자신은 단지 산책을 하고 있었으며 체포된 그 장소에 도착하기 직전 다른 사람이 떠나는 모습을 봤다고 주장했다. 제주도가 관광지라 유동 인구가 많다는 점을 참작하여 그는 그날 오전에 풀려났다. 그가 풀려난 다음 날 한 사람이 해당 경찰서를 찾아가 왜 그를 유치장에 가뒀냐며 강하게 항의했고 그 과정에서 경찰모욕죄로 체포되었다. 그리하여 두 사람의 신분이 밝혀졌는데 공연음란죄로 체포된 사람은 당시 제주지방검찰 지검장이며 항의하러 갔다가 모욕죄로 체포된 사람은 그 지검장의 운전기사였다. 이 사건은 경찰이 보도 자료를 내 언론에 상세한 내용을 알리면서 대중에게도 전해졌다.

○○○ 전 지검장이 체포될 당시의 상황을 알고 있는 경찰에 따르면 "당시 어떤 남성이 음식점 앞에서 자위 행위를 하는 모습을 보고 여고생이 너무나 겁을 먹어서 집에 못 들어가고 있었다."고 한다.[1] 경찰에 신고한 사람은 그 여고생이었다. 사건이 공개되고 며칠 뒤 ○○○ 전 지검장은 서울고검에서 기자회견을 열어 자신의 무죄를 주장했다. 아울러 자신의 직위가 수사에 방해될 수 있다면 사표를 내겠다고 밝혔고 법무부는 다음 날 바로 사표를 수리하고 면직 처리했다. 이 일은 ○○○ 전 지검장의 유무죄 여부와 상관없이 그 자체로 논란을 야기했다. 징계가 아니라 자의에 따른 면직 처리는 연금을 수령할 수 있고 변호사로 개업하는 데 지장이 없기 때문이다(실제 2015년 9월 말, ○○○ 전 지검장은 논란 끝에 변호사 등록 허가를 받았다).

○○○ 전 지검장이 자신의 범죄 사실을 부인하자 경찰은 주변의 CCTV를 모두 조사했다. 그 결과 CCTV에 찍힌 사람은 단 한 명이었음이 밝혀졌다. 아울러 여고생이 신고한 그때가 유일한 '범행'이 아니라 이미 네 차례에 걸쳐 '음란 행위'를 했음이 확인되었다. 경찰은 해당 CCTV 녹화 자료를 국립과학수사연구원에 보내 정밀 조사를 의뢰했다. 고화질의 CCTV라 정밀 조사 없이도 신원을 확인할 수 있었지만 ○○○ 전 지검장의 지위와 사건

---

1) '베이비로션 소지, 김○○ 전 제주지검장… 주머니에 베이비로션을 왜?', 〈이티뉴스〉, 2014년 8월 20일.

의 파장을 감안한 결정이었다. 국과수 조사 결과 CCTV 속 인물은 ○○○ 전 지검장으로 확인되었고, 경찰은 2014년 8월 22일 ○○○ 전 지검장에게 소환을 통보했다. ○○○ 전 지검장은 그제야 유죄를 인정했다.

종합편성채널, 보도전문채널의 여러 TV 시사 프로그램은 변호사, 전직 검사, 전직 경찰 등을 패널로 불러 이 사건을 논했다. 유죄가 확정되기 전엔 유무죄 여부를 따졌고, ○○○ 전 지검장을 옹호하는 패널은 지검장이 그럴 리 없다고 주장했다. ○○○ 전 지검장의 유죄가 밝혀진 이후로는 처벌 수위를 두고 논의를 이어 갔다. 그러던 중 당시 새정치민주연합 소속 국회의원 박지원이 이 사건을 "바바리 검사" 사건으로 명명했다.[2] 실제 이 사건을 그리 깊게 살피지 않은 대부분의 사람에게 ○○○ 전 지검장 사건은 지검장이 '바바리맨'인 사건, 즉 신고한 여고생을 향해 성기를 노출한 사건으로 인식되었다. 일반 통념에서 크게 벗어나지 않는 박지원 의원의 명명은 이 사건을 이해하고 논의하는 방법을 규정하는 행위, 즉 '큐레이팅'이다.[3] 김지혜는 연극 〈나는 나의 아내다〉를 분석하며 기억과 재현은 선별적 선택 행위이며 이를 통해 어떤 방식으로 사건을 전달할지를 선택하게 되는데 이

---

2) 정재호, "박지원, 김○○ 제주지검장 면직에 '바바리 검사는 수사…'", 〈이데일리〉, 2014년 8월 20일.
3) 김지혜, '역사와 기억의 아카이브로서 퀴어 생애: 〈나는 나의 아내다(I Am My Own Wife)〉 희곡과 공연 분석', 〈여성학논집〉 제30집 제2호, 2013, 205~232쪽.

과정이 바로 큐레이팅이라고 설명했다. 그렇기에 "큐레이팅은 여러 판본이 존재할 수 있는 미완성의 과정"[4]이다. 즉 사건의 내용을 어떻게 조직하고 전달하느냐에 따라 그 사건은 다양한 판본으로 존재할 수 있다.

○○○ 전 지검장 사건 역시 전혀 다른 방식으로 인식되고 해석되고 보도될 수 있었지만 박지원 의원은 ○○○ 전 지검장 사건을 '바바리맨' 사건으로 큐레이팅했다. 물론 이는 박지원 의원만이 아니었다. 각종 시사 프로그램에 출연한 패널들이 이 사건을 '바바리맨' 사건과 비교하며 설명했고, 유죄가 확정된 후 처벌 수위를 논할 때도 공연음란죄, 그중에서도 '바바리맨'에 해당하는 다른 사건과 비교했다.[5] 이런 방식의 설명이 지속되고 반복되면서, ○○○ 전 지검장 사건은 '현직 검사장의 바바리맨 사건'으로 규정되었다.

나는 이 사건을 다르게 큐레이팅하고자 한다. 이를 위해 이 사건에서 정확히 밝혀야 할 부분이 있다. 적어도 신고 당시의 정황과 보도 내용을 꼼꼼하게 따져보면 이 사건은 흔히 말하는 '바바리맨' 사건, 즉 특정한 사람을 향해 고의로 성기를 노출하거나 누가(='여성') 봐주길 바라며 성기를 노출한 사건과는 성격

---

4) 김지혜, 앞의 글, 210쪽.
5) 예를 들면, "바바리 검사 김○○? 경찰 '성기 노출 여부, 노코멘트'"(패널: 정군기, 황태순, 변환봉, 정연정), 〈채널A – 박종진의 쾌도난마〉, 2014년 8월 19일; '음란 검사장 진실과 파문 어디까지'(패널: 김광삼, 권준기), 〈YTN News〉, 2014년 8월 18일.

이 다르다. ○○○ 전 지검장은 우연히 지나가는 누군가, 특히 여성으로 통하는 사람을 특정하여 성기를 노출하지는 않았다. 그는 음식점 옆 야외 테이블에 앉아 자위 행위를 했다. 이것을 지나가던 여고생이 목격했고 ○○○ 전 지검장은 공연음란죄로 체포되었다. ○○○ 전 지검장은 총 다섯 차례에 걸쳐 '음란 행위'를 했다고 했는데 나머지 네 번 역시 마찬가지였다. ○○○ 전 지검장은 단지 공공장소라고 여겨지는 곳에서 자위를 했지만 앞의 네 번은 목격자가 없었거나 신고인이 없어서 그냥 없던 일이 되었고 음식점 야외 테이블에서 한 자위 행위는 신고인이 등장하면서 범죄로 (재)구성되었다. 이를 통해 없던 일이 될 뻔한 이전의 행위도 범죄의 일부로 소환되었다.

그렇다면 나는 다음의 질문을 제기하고 싶다. 음란 행위는 그 자체로 폭력이며 범죄 행위인가? 공공성은 어떻게 구성되며 공공 성행위는 왜 범죄로 규정되어야 하는가? 음란 행위를 심각한 폭력 행위, 범죄 행위로 규정하는 작업은 무엇을 은폐하는가? 나는 이 글에서 ○○○ 전 지검장의 행동이 옳은지 그른지를 가리는 데 관심을 기울이지는 않을 것이다. 사회 통념에 따른 옳고 그름의 판단은 나의 관심 영역이 아니다. 대신 사회 통념에 따른 옳고 그름의 판단이 젠더와 섹슈얼리티를 어떻게 구성하고 LGBT(레즈비언, 게이, 바이섹슈얼, 트랜스젠더퀴어)/퀴어 맥락에서 어떤 의미가 되는지, 그 통념이 무엇을 은폐하고 어떤 질서를 유지하고자 하는지를 살피려 한다. 이를 위해 나는 ○○○ 전 지검장이 했다고 알려진 공공장소에서의 성행위가 범죄로 만들어지는 방식을 퀴어 범죄학으로 독해하고자 한다.

범죄자로 등장한 퀴어와 퀴어 범죄학

이 글의 분석 틀로 퀴어 범죄학을 사용하기 위해 LGBT를 간단하게 부르는 이름 혹은 비규범적 젠더-섹슈얼리티 실천을 통칭하는 용어인 '퀴어'를 간단하게 설명하고자 한다. 하지만 이 설명에 앞서 ○○○ 전 지검장 사건을 퀴어 범죄학으로 분석하겠다는 나의 기획이 곧 ○○○ 전 지검장이 퀴어라는 의미가 아님을 분명히 밝히고자 한다. 그가 LGBT/퀴어의 어느 한 범주에 속하는지 아닌지는 그가 직접 밝히기 전까지는 누구도 함부로 단언하거나 부정할 수 없다. LGBT/퀴어가 하나의 정체성/범주라면 이것은 자신의 선언을 통해서만 성립되며 타인이 함부로 규정하거나 부정할 수는 없다. 정체성/범주는 끊임없는 해석이며 치열한 논쟁을 필요로 하지만 최소한 자기 범주의 선언에는 존중이 필요하다. 아울러 ○○○ 전 지검장이 퀴어인지 아닌지는 이 글의 관심사가 아니다. 앞서 이 글에서 제기하고자 하는 질문처럼, 그의 행동을 둘러싼 논쟁이 퀴어 정치학과 어떤 식으로 만나고 상호 영향을 끼치는지가 이 글의 쟁점이다. 특히 그의 음란 행위가 범죄 행위로 전환되는 과정은 LGBT/퀴어의 역사와 접점을 형성하는 '익숙한' 순간이란 점에서 그가 어떤 범주의 인간이건 퀴어 범죄학/퀴어 정치학으로 이 사건을 다루는 것은 매우 중요한 일이다.

2014년부터 해마다 기독교 근본주의 집단이나 반(反)LGBT/ 퀴어 집단이 퀴어문화축제 퍼레이드 행사를 방해하면서 관련 사건이 여러 언론에 크게 보도되었다. 이를 통해 한국 사회에서 퀴어라는 용어 자체는 조금이나마 대중에게 알려진 듯하다. 하지만 반(反)LGBT/퀴어 집단의 '반대' 집회가 거의 일방적으로 게이 남성 혹은 남성 간의 동성 성행위를 비난하는 데 집중하면서 퀴어문화축제는 게이 혹은 동성애자의 행사로 소비되었다. 이 현상은 퀴어를 동성애자와 등치하는 용어로 이해하는 방향으로 사회 전반의 태도를 재생산했다. 그러나 이는 '사실'도 아닐 뿐더러 퀴어의 복잡함을 삭제하는 문제적 태도다.

퀴어란 용어는 서구, 특히 1980년대 미국에서 비백인-비이성애자-여성 집단을 중심으로 본격 사용하다가 1990년대 들어 폭발적 인기를 끌기 시작했다. 한국에서는 1990년대 중반부터 PC 통신 사용자를 중심으로 하여 '퀴어'를 사용하기 시작했다.[6] 이때 퀴어는 여러 가지 중요한 의미를 담고 있다. 그중 이 글의 논의와 관련 있는 두 가지, 즉 지배 규범과 불화하는 정치학으로서 퀴어와 정체성 정치가 아니라 권력을 문제 삼는 정치학으로서 퀴어의 의미만 살펴보자. 첫째로 퀴어를 지배 규범과 불화하

---

6) 한채윤, '한국 레즈비언 커뮤니티의 역사', 〈진보평론〉 49, 2011, 100~128쪽.

는 정치학으로 구성했다는 점이다. 이 점은 퀴어 정치학에서 매우 중요한 요소의 하나로서 지배 권력을 탐문하고 지배 권력과 다투며, 권력이 끊임없이 비규범적 존재를 재/생산하는 작동/장치를 문제 삼는다. 그래서 데이비드 핼퍼린(David Halperin) 같은 퀴어 이론가는 "퀴어는 규범에 반대하는 관계로서 그 의미를 획득한다. '퀴어'의 정의가 무엇이건 규범, 적법, 지배와 불화한다."고 설명했다.[7]

　이런 정치학을 채택한 이유는 퀴어란 용어의 등장 배경과 긴밀하게 연결된다. 레즈비언과 게이란 용어가 끊임없이 백인 중심의 경험으로 설명되었고, 1980년대 미국 사회에서 주류 혹은 일군의 레즈비언 게이 운동이 '동성애란 성적 지향만 빼면 이성애와 다를 것 없다'며 지배 규범적 문화 시민 되기 기획을 진행했다. 규범적 시민 되기는 일평생 남성 아니면 여성(이성애자라면 일평생 '이성'만, 동성애자라면 일평생 '동성'만)이라는 한 가지 젠더만 사랑하는 것을 (새로운) 규범으로 만들었다. 이 과정에서 바이섹슈얼을 비롯해 다양한 성적 선호/지향이 배제되었고 트랜스젠더퀴어 역시 부적절함으로 추방되었다. 이뿐만 아니라 젠더 체제에 순응하지 않는 사람, 비이성애-비동성애를 실천하는 다양한 존재와 역사가 삭제되었다. 퀴어 정치학은 바로 이런 식의

---

7) Matthew Ball, "Queer Criminology, Critique, and the 'Art of Not Being Governed'", *Critical Criminology* 22, 2014, pp. 21~34에서 재인용.

배제와 지배 규범에 부합하는 태도에 비판적 입장을 취하는 정치적 지향에서 등장했다.

퀴어 정치학의 두 번째 의미는 정체성은 타고나며 동일한 정체성은 단일한 이해를 표방하는 집단이라고 주장하는 정체성 정치라기보다 정체성을 규정하고 그에 따르는 역할을 부여하는 권력 작동 자체를 문제 삼는 것이다. 이것이 레즈비언 게이 정치학과 가장 큰 차이다. 레즈비언 게이 정치학은 레즈비언과 게이라는 정체성을 초역사적 성격으로 가정하고 각 범주가 안정적 섹슈얼리티/정체성이라고 확정하면서 논의를 전개하는 경향이 있다.[8] 비록 퀴어 정치학이 레즈비언 게이 정치학의 어떤 성과를 공유한다고 해도, 퀴어 정치학은 정체성을 안정되고 초역사적 사건으로 가정하기보다 젠더와 섹슈얼리티라고 여기는 것이 역사적으로 어떻게 배치되는지, 그 과정에서 어떤 권력이 어떤 식으로 작동하는지를 탐문한다.[9] 퀴어 정치학의 이런 성격은 퀴어의 삶이나 LGBT/퀴어에 해당한다고 여겨지는 것만을 논의의 범위로 제한하지 않는다. 페미니즘이 세상을 해석하는 인식론이듯[10]

---

8) Steven F. Kruger, "Queering, Queer Theory and Early Modern Culture", *Encyclopedia of Sex and Gender*.(vol.4) Ed. Fedwa Malti-Douglas, Detroit: Thomson Gale, 2007, pp. 1237~1240.

9) Judith Butler, "Merely Cultural", *Social Text* 52-53, 1997, pp. 265~277; Kruger, 앞의 글; Susan Stryker, "The Transgender Issue: An Introduction", *GLQ: A Journal of Lesbian and Gay Studies* 4.2, 1998, pp. 145~158.

10) 정희진, 《페미니즘의 도전》, 교양인, 2005.

퀴어 정치학 역시 젠더와 섹슈얼리티가 배치되는 방식뿐만 아니라 그것에 제한되지 않으면서 권력이 작동하는 방식을 질문하고 세상을 해석하는 인식론이다.

퀴어와 퀴어 정치학의 이러한 성격이 ○○○ 전 지검장 사건과 어떤 관련이 있는지, 나아가 이 글의 핵심 분석 틀인 퀴어 범죄학, 혹은 범죄학과 어떤 관계인지를 이해하려면 간단하게나마 퀴어의 역사, 더 정확하게는 역사적으로 퀴어가 등장하는 방식을 이해할 필요가 있다.

20세기 들어 한국 사회에서 트랜스젠더퀴어는 두 가지 중요한 국면을 거치며 등장한다. 그중 이 논의와 직접 관련 있는 국면은 6 · 25 전쟁이 끝난 뒤 1955년부터 그 이후 몇십 년간 한국 사회에 영향을 끼친 첫 번째 국면의 양상이다. 1955년 8월 몇몇 언론에 '한국 최초의 성전환'이란 설명으로 조기철 씨의 성전환 수술이 보도되었다. 이전에도 한국 언론에는 성전환이나 수술 관련 소식이 꾸준히 보도되었기에 조기철 씨의 수술은 최초가 아니었다. 그런데도 조기철 씨는 최초의 성전환 수술이라 보도되었고 이 일은 당시 사람들에게 상당히 큰 충격을 주었다. 조기철 씨 등장 이후 '성전환'이란 용어가 한국 사회에 크게 유행한 것이다. 조기철 씨가 등장하고 얼마 안 지나 또 다른 사람이 성전환 수술을 하자 그를 '성전환 수술 2호'라고 부르기도 했다. 또한 만평, 정치 비평, 문화 대담에서까지 성전환은 농담으로, 비유로 계속 등장한다. 예를 들어 공처가가 아내의 몽둥이를 피해 도망가는 그림 아래 "이렇게 학대받을 바에야 여자로 수술해 버리지."[11]라고 적혀 있고, 정당의 주요 정책의 성격이 바뀐 것을 "성전환했다"고 말하는 식이었다. 이런 비유뿐만 아니라 성전환 관련 국내외 소식이 꾸준히 여러 언론에 등장하며 성전환은 당대 한국 사회의 지식 혹은 정보의 일부가 되었다.

조기철 씨의 등장과 이후 급증한 성전환 관련 기사는 당시 한국 정치 맥락에서 흥미로운 장면인데, 당시의 이승만 정권은 6·25 전쟁 이후 정권의 정당성을 주장하기 위해 도덕 교육을 강화하는 등 사회도덕과 윤리를 통제하려 했기 때문이다. 성전환 관련 소식은 이러한 한국의 정치적 상황에서도 큰 인기를 끌며 등장했고 널리 유행했다. 그러나 이때 등장한 성전환은 성별의 전환, 즉 의학적 증상이자 의료 기술의 성과와 같은 방식으로 소개되었다. 그렇기 때문에 성전환을 도덕이나 윤리의 문제로 비판한다고 해도 더 많은 경우엔 의료 기술이라는 측면에서 흥미로운 소식으로 다뤄졌다. 하지만 박정희가 군사 쿠데타로 정권을 잡고, 자신의 정치적 정당성을 확보하기 위해 '깡패'나 '부랑자'와 같은 이들을 공개적으로 '처벌'하는 등 사회 정화 운동을 시작하면서 트랜스젠더퀴어는 1950년대와는 다른 방식으로 한국 사회에 등장한다.

1960년대엔 당시 언론에서 직접 사용한 표현을 빌리면 "여

---

11) 〈경향신문〉, 1955년 9월 2일.

장 남자, 남장 여자 붐"이 일었다. 여장 남자나 남장 여자 소식이 끊임없이 언론에 등장하는데 이들이 등장하는 양상은 1950년대와 달리 사건 사고, 풍기 문란 형태였다. 1960년대 초반의 신문 기사 제목만 몇 개 살펴봐도 이를 알 수 있는데, "고추장을 훔쳐 여장 남인이", "꼬리 밟힌 여장 청년, 유두분면에 접대부 노릇까지", "여장 남자 또 하나, 작부 노릇하던 김군, 경찰에 덜컥", "또 여장 남자, 밤거리에 쓰러져 실신", "여장 남자, 서울서만 보름 동안 세 명 발견, 이구동성 살기 위해"와 같은 방식이다. 형사범으로 검거된 사람도 있었고, 많은 경우에 경범죄로 체포되어 행정 처분을 받았다. 다른 말로 여장 남자, 남장 여자 혹은 트랜스젠더퀴어는 사법이나 행정 규칙을 위반한 존재로 사회에 인지되었고, 이로 인해 경찰에 연행되었으며, 연행을 '계기'로 하여 언론에 등장했다.

범죄를 매개로 삼아 미디어에 트랜스젠더퀴어가 등장하는 방식은 무척 흥미로운데 이는 미국을 비롯한 서구와는 상당히 다른 모습이기도 하다. 예를 들어, 미국은 1950~1960년대에 동성애 자체가 위법이나 불법은 아니라고 해도 동성애자라는 존재 자체를 범죄로 다루는 경향이 있었다. 최근까지도 주로 남성 간 항문 성행위를 범죄로 다루는 소도미법(Sodomy Law) 등을 통해 이들을 관리해 왔다. 하지만 한국에서 트랜스젠더퀴어나 비이성애자는 풍기 문란이나 경범 등의 다양한 명목으로 체포되기는 했어도 존재 자체가 범죄로 여겨지지는 않았고 그래서 이들을 처벌하는 별도의 법도 없었다. 범죄와 결부되지 않는 방식, 예를 들어 동성 결혼이나 기구한 삶을 이유로 미디어에 등장하는 트랜스젠더퀴어도 상당히 많았다. 즉, 한국은 모든 트랜스젠더퀴어가 범죄와 연루되어 언론에 등장한 것은 아니고 존재 자체가 범죄로 취급되지도 않았다. 그럼에도 많은 경우 범죄 혹은 경범, 풍기 문란으로 경찰에 연행됨으로써 비규범적 방식으로 젠더와 섹슈얼리티를 실천하는 이들이 살았다는 존재의 흔적을 남겼다.

그런데 1960년대 이후 트랜스젠더퀴어가 범죄의 형태로 언론에 끊임없이 등장한 것은 우연한 일이 아니다. 트랜스젠더퀴어를 경범죄로 다루어 경찰이 연행한 것은 1960~1970년대 박정희 정권의 중요한 과제 중 하나였다. 베트남 전쟁과 북한의 끊임없는 남침 가능성, 각종 간첩 사건이 발생하면서 박정희 정권은 한국 국민, '특히'(혹은 '즉') 남성을 군인으로 만들어야 했다. 남성을 군인으로 만들기 위해 모든 인간을 여성 아니면 남성으로만 구분하고, 모든 사람은 이성애자여야 하며, 특히 군인이 될 수 있는 남성의 신체 조건 등을 규정하는 이원 젠더 규범을 당대 사회의 강력한 지배 규범으로 만들고자 했다.[12] 1970년대 장발 단속은 아예 노골적으로 젠더 규제를 표현하는데 장발 단속의 목적은 "성별을 알아볼 수 없을 정도의 장발을 한 남자"[13]를

---

12) 루인, '의료 기술 기획과 근대적 남성성의 발명', 권김현영 엮음, 《남성성과 젠더》, 자음과모음, 2011, 63~93쪽; 루인, '캠프 트랜스: 이태원 지역 트랜스젠더의 역사 추적하기, 1960~1989', 〈문화연구〉 1.1, 2012, 244~278쪽.

규제하는 것이라고 명시하고 있다. 이런 일련의 정책은 젠더와 섹슈얼리티를 강력하게 통제했고 트랜스젠더퀴어는 이런 분위기에서 범죄나 규범 위반으로 체포될 수밖에 없었다. 즉 트랜스젠더퀴어는 이런 식의 사회적 규제, 통치 방식과 긴밀하게 결합하며 범죄의 형태로 언론에 등장하였고, 이 과정을 통해 사회적으로 가시화되었다.

퀴어 범죄학은 퀴어 정치학의 흐름과 퀴어가 역사적으로 등장하고 인식되는 교차점에 위치한다. 퀴어 범죄학 논의는 1990년대 중후반부터 등장하지만 2010년대 들어서야 본격화되고 활발해졌다.[14] 그래서 퀴어 범죄학을 어떻게 규정할지는 여전히 논쟁적인데, 최소한으로 합의된 개념은 없지만 앞서 설명했듯 퀴어가 기존의 지배 권력을 문제화하는 방식과 궤를 함께 하고 있음은 분명하다. 그렇더라도 퀴어 범죄학을 설명하기 위한 어떤 개념을 채택한다면 LGBT/퀴어 구성원과 그 구성원에게 가하는 낙인, 범죄화, 배제에 주목하며 LGBT/퀴어를 "범죄학 논의의 주변에서 중심으로 이동시키고, 퀴어를 억압하는 도구로 범죄법 시스템이 쓰인 방법을 조사하고 범죄법 시스템에 도전"하는 학문 정도일 것이다.[15]

퀴어 범죄학을 어떻게 정의할 것인가, 그리고 퀴어 범죄학 연

---

13) 경범죄처벌법 중 개정법률 1973. 01. 30.
14) Carrie L. Buist and Emily Lenning, *Queer Criminology*, Routledge, 2016, p. 9.
15) Buist & Lenning, 앞의 책, p. 1.

구를 어떤 식으로 진행할 것인가와 관련한 논의는 현재 퀴어를 정체성으로 이해하는 방법을 포기하지 않는 방향과 권력을 질문하는 방법으로 사유하는 방향, 이렇게 두 방향으로 진행되고 있다. 이 두 방향은 퀴어의 개념을 어떻게 이해할 것인가란 점과 밀접하다. 조던 블레어 우즈(Jordan Blair Woods) 같은 퀴어 범죄학자는 퀴어의 여러 복잡한 의미, 즉 퀴어를 정체성으로 이해하는 방법, 퀴어를 정체성이 아니라 행동/실천 양식으로 이해하는 방법, 권력을 질문하는 방법 등을 동시에 취해서 사용하고 있다.[16] 현실에서 퀴어는 빈번하게 정체성으로 이해되고 LGBT/퀴어를 지칭하는 축약어로 사용된다. 그리하여 퀴어는 이성애-이원 젠더 규범 속에서 살아가는 개별적인 비규범적 존재를 지칭한다. 우즈는 퀴어 범죄학이 LGBT/퀴어가 정체성으로 겪는 경험을 무시할 수 없으며 이 경험이 퀴어 범죄학을 구성하는 데 중요하다고 지적한다. 그러면서도 퀴어를 정체성으로만 설명할 수는 없으며 지배 규범과 권력에 저항하고 지배 질서를 비판하는 작업을 통해 다른 가능성을 모색하는 작업 역시 놓치지 않으려 한다. 우즈는 퀴어 범죄학이 이 두 가지 이해 모두를 포괄할 수 있는 방법을 마련할 것을 제안한다. 퀴어 범죄학을 LGBT/퀴어만을 다루는 연구로 제한할 수도 없지만, 그렇다고 LGBT/퀴어

---

16) Jordan Blair Woods, "Queer Contestations and the Future of a Critical 'Queer' Criminology", *Critical Criminology* 22, 2014, pp. 5~19.

로 사는 삶을 희석할 수도 없기 때문이다.

퀴어 범죄학의 또 다른 경향, 그리고 이 글에서 채택할 방법은 미셸 푸코(Michel Foucault)와 주디스 버틀러(Judith Butler)가 사용한 비평(critique) 개념을 채택하는 데서 출발한다. 여기서 '비평'은, '이것은 이래서 잘못되었고 저것은 저래서 잘못되었다'며 판단하는 것이 아니라 권력이 작동하는 방식과 권력 작동을 통해 발생하는 배제에 도전하고 이를 폭로하는 작업이다.[17] 즉 옳고 그름을 말하는 방식이 아니라 어떤 사건을 분석하는 과정에서 은폐되는 것, 당연시되는 것, 은폐와 당연시 여기는 태도로 발생하는 폭력과 이 모든 것을 가능하게 하는 권력 구조를 드러내는 작업이다. 이때 비평은 앞서 설명한 퀴어의 개념과 정확하게 연결된다. 이러한 작업을 진행하기 위해 매튜 볼(Matthew Ball)은 퀴어를 젠더와 섹슈얼리티에서 분리하고, 퀴어가 어떤 구체적 현상을 지칭한다는 가정을 피하고자 한다.[18] 퀴어는 당연히 젠더와 섹슈얼리티 이슈를 다룬다는 생각을 문제 삼지 않는다면 퀴어가 젠더와 섹슈얼리티 이슈를 다루는 것은 당연하다고 인식하게 된다. 매튜 볼은 퀴어를 젠더와 섹슈얼리티 이슈로 제한하기보다는 우리가 사유하는 방법, 말하는 방법에 의해

---

17) Rasmus Willig, "Recognition and Critique: An Interview with Judith Butler", *Distinktion: Journal of Social Theory* 13.1, 2012, pp. 139~144.
18) Matthew Ball, "Queer Criminology, Critique, and the 'Art of Not Being Governed'", *Critical Criminology* 22, 2014, pp. 21~34.

말할 수 없는 것, 사유의 대상에서 배제된 것을 폭로하며 우리가 알고 있는 방법과 경험의 한계에 도달하는 방법(즉, 비평 작업)으로 (재)설정한다. 이러한 재설정을 통해 '통치되지 않는 기술'의 하나로 퀴어 범죄학을 모색한다. 즉 매튜 볼에게 퀴어 범죄학은 단순히 퀴어를 범죄자로 다뤘거나, 퀴어 자체를 범죄로 여겼거나, 퀴어가 행한 범죄 행위를 다루는 연구에 그치지 않고 이런 현상을 말하는 과정에서 인식되지 않는 것, 이를 인식할 수 없도록 규범이 작동하는 양상을 탐문하는 인식론이자 방법론이다.

퀴어 범죄학을 비평으로, 인식론으로 이해하는 태도는 이 글에서 내가 ○○○ 전 지검장 사건에 관심을 두는 이유일 뿐만 아니라 이 사건을 퀴어 범죄학으로 독해할 수 있는 이유이기도 하다. ○○○ 전 지검장이 공공장소에서 음란 행위를 했음을 두고 발생한 일련의 논란에서 포착해야 하는 지점은 ○○○ 전 지검장이 범죄자냐 아니냐, 어떤 처벌이 적절하냐가 아니다. 공공장소에서의 성행위를 범죄로 처벌하는 것이 무엇을 의미하는지, 이런 처벌이나 논란이 공공성을 어떻게 구성하는지, 그리고 이 모든 논란은 무엇을 은폐하고 보호하는지를 질문해야 한다.

성과 범죄 사이

○○○ 전 지검장 사건이 발생하고 나서 많은 사람이 이 사건에 대해 논평했다. 그중 한국사법교육원의 류여해 교수는 이런

종류의 사건은 성추행죄로 다뤄야 하고 성추행을 결코 가볍게 인식해선 안 된다며 한국의 남성 중심 법 체계가 여성에게 심각한 피해를 야기하는 범죄를 가볍게 다룬다고 비판했다.[19] 한국 사법 체계가 성폭력 가해자에게 매우 관대하다는 점에 한해서 나는 류여해 교수의 지적에 동의한다. 2015년 9월 말에 발생한 사건을 보자. 헤어진 여자 친구에게 염산을 뿌려 얼굴과 목 등에 화상을 입힌 가해자에게 검찰은 염산의 농도가 낮다는 이유로 살인미수 대신 상해죄를 적용했다. 2015년 2월엔, 아동성범죄로 집행유예를 선고받은 70대 남성이 집행유예 기간에 또다시 아동성범죄를 저질렀는데도 법원은 고령이란 점을 참작하여 벌금형으로 선처했다. 이 밖에도 많은 성/폭력 사건에서 가해자가 비트랜스남성일 경우에는 다양한 사유가 정상 참작되어 비교적 가벼운 처벌을 받는다.

1980년대부터 여러 여성 단체는 한국 사회의 성폭력 이슈, 여성에 대한 폭력 이슈를 의제화했다.[20] 한국 사회와 법 체계, 경찰 등 공권력이 가해자의 편을 들고 가해자 입장에서 사건을 처리한다고 강하게 문제 제기했지만 여전히 성폭력 가해자는 제대로 처벌받지 않고 있다. 성폭력이 매우 빈번하게 발생하는데도

---

19) '음란 검사장 논란. CCTV 속 남자를 밝혀라'(패널: 박상융, 류여해), 〈YTN News〉, 2014년 8월 19일.
20) 한국여성의전화연합 기획, 정희진 엮음, 《성폭력을 다시 쓴다 – 객관성, 여성 운동, 인권》, 한울, 2003: 정희진 엮음, 《한국여성인권운동사》, 한울, 1999.

현행법의 규정에 따라 제대로 집행하는 것 정도도 기대하기 어려운 것이 현실이다. 따라서 성추행죄를 가볍게 여긴다는 류여해 교수의 지적은 매우 중요하며, 더 많이 지적되어야 한다.

하지만 성/폭력을 문제 삼고 제대로 처벌하는 것과 음란 행위 그 자체를 폭력으로 환원하고 성폭력 범죄에 준하여 논하는 것은 전혀 다른 문제다. ○○○ 전 지검장 사건에서 그는 공공장소로 규정된 곳 혹은 공개된 장소, 타인이 쉽게 들여다볼 수 있는 장소, 이른바 사적 장소라고 여겨지지 않는 장소에서 음란 행위를 했다. 그렇다면 이런 질문을 해보자. 공공장소에서의 음란 행위는 그 자체로 폭력이며 범죄 행위인가?

결국 ○○○ 전 지검장은 공연음란죄로 기소되었고 유죄 판결을 받았다. 정확히 말하면 치료 조건부 기소유예 처분을 받았다. 즉 공공장소에서의 자위 행위는 음란 행위, 위법 행위, 범죄 행위로 규정된다는 뜻이다. 이것은 대법원의 판례이자 입장이다. 대법원은 몇 번의 판결을 통해, '공공장소에서의 음란 행위 혹은 성행위 자체가 시대의 건전한 사회 통념에 비추어 그것이 공연히 성욕을 흥분 또는 자극시키고 또한 보통인의 정상적인 성적 수치심을 해하고, 선량한 성적 도의 관념에 반하는 것'이라고 판시하고 있다. 대법원의 이런 판례에 따라 ○○○ 전 지검장의 행동은 '선량한 성적 도의 관념에 반하는' 행위이며 '건전한 사회 통념에 비추어' '수치심'을 야기하는 행위로 규정된다. 대법원의 이런 논리가 주장하는 바 혹은 목적하는 바는 '시대의 건전한 사회 통념'과 '선량한 성적 도의 관념'으로 사회의 지배 규범을 구성하고 이 규범에 부합하지 않는 행동을 하는 자를 처벌하는 것이다.

대법원의 이러한 입장에는 여러 논쟁적 개념이 등장하는데, 그중 몇 개만 추리면 '건전한 사회 통념', '선량한 성적 도의 관념', 그리고 '보통인'이다. 이들 개념은 적어도 현재 시점에서 이성애-비트랜스 입장으로 구성된 것이지 LGBT/퀴어를 포함하거나 사유하는 개념은 아니다. 혹여 LGBT/퀴어를 어느 정도는 포용하거나 적대하지는 않겠다는 입장이 포함되어 있다고 해도 한계는 명백하다. 이와 관련해서, 대법원 판례는 아니지만 다음 사건을 살펴보자.

종합편성채널 방송사 JTBC는 2014년 12월부터 2015년 3월까지 〈선암여고 탐정단〉이란 드라마를 방영했다. 그중 한 회에서 두 여고생이 키스하는 장면을 내보냈다. 방송통신심의위원회는 이 장면을 문제 삼아 경고 조치를 했는데[21] 경고 여부를 결정하는 회의에서 흥미로운 발언이 나왔다. 방송통신심의위원회 박효종 위원장은 징계 여부를 결정하는 최종 논의 자리에서 자신은 동성애를 찬성하지는 않아도 인정은 하려고 노력한다고 말했다. 그러면서 방송에서 동성애를 다룰 수도 있다고 했다. 단 방송

---

21) 방송통신심의위원회, '보도자료: 방통심의위, 사행 행위 조장하는 케이블TV 경마 프로그램 중징계', 2015년 4월 23일.

에서 동성애를 표현할 때 어깨를 두드리거나 손을 잡는 수준은 괜찮지만 키스 장면은 부적절하다고 주장했다. 이런 주장을 하는 과정에서 박효종 위원장은 가족 모두가 볼 수도 있는 방송에서, 이성애자 부부의 애정 관계를 표현하기 위해 성관계 장면을 방영할 필요가 없듯 동성애자의 키스 장면도 내보낼 필요가 없다고 설명했다.[22] 공중에 전파되는 방송에서 이성으로 인식되는 사람 사이의 키스 장면은 차고 넘치며 예능 프로에선 '재미'라는 명목으로 무수히 요구되지만, 동성으로 인식되는 사람 사이의 입맞춤은 방송에 부적절하며 그 행위는 이성애자의 성관계와 같은 수위/행위라는 주장이다.

방송통신심의위원회가 대법원의 판례나 입장을 직접 원용하지는 않았지만, 박효종 위원장의 입장을 대법원의 입장과 엮으면 다음과 같은 의미가 된다. '동성애'가 '보통인'의 '건전한 사회 통념'에 비추어 성애적 형태가 없는 '건전한' 모습으로 공공에 출연한다면 괜찮다. 하지만 동성으로 인식되는 사람 사이의 키스는 '이성애자의 성관계'와 같은데 그런 키스/성관계 장면이 공공에 등장한다면 '선량한 성적 도의 관념'을 위반하기에 경고/범죄라는 의미다. 즉 이성애가 아닌 삶의 형태는 '보통인'의 삶의 형태에 해당하지 않으며, 그 행위에 성적 실천(혹은 성적이라

---

22) 방송통신심의위원회, '제8차 방송통신심의위원회 회의 발언 내용', 2015년 4월 23일.

고 주장할 여지가 있는 실천)이 조금이라도 개입한다면 그것이 어떤 행동이건 '건전한 사회 통념'에 위배되고 '선량한 성적 도의 관념'을 위반한다. 이것은 '보통인', '건전한 사회 통념', '선량한 성적 도의 관념'이 이성애-비트랜스 규범을 토대로 구축되어 있다는 강력한 선언이자 이성애-비트랜스로 구축된 토대를 은폐하고 비이성애-트랜스만을 문제 삼도록 초점을 바꾸는 방식이다. 그리하여 LGBT/퀴어나 비규범적 이성애자가 공적 공간에서 자신의 입장을 표명하고, 어떤 종류의 애정 행각을 한다면 이는 언제든 공연음란으로 고소될 수 있다. 이것은 방송용 '경고'로 그치지 않고 실제로 발생한 사건이다.

2015년 6월 28일 제16회 퀴어문화축제가 서울시청 광장에서 진행되었다. 그 다음 달 중순 김진 씨 등 6,500명은 박원순 서울시장이 "1천만 서울 시민과 수많은 국민들의 성적 수치심"을 야기하는 퀴어문화축제를 방조하고 용인했다며 박원순 서울시장을 공연음란죄 및 직권남용죄로 고발했다.[23] 실제 재판 과정에서 퀴어문화축제를 공연음란으로 판단하고 박원순 시장에게 유죄를 판결할지 여부와 상관없이, 이렇게 고발할 수 있다는 사실 자체가 LGBT/퀴어나 비규범적으로 젠더/섹슈얼리티를 실천하는 이들에겐 협박이다. 또한 이런 고발은 LGBT/퀴어가 공공

---

23) 윤진우, '국민 6천5백 명, 박원순 시장 공연음란죄로 고발', 〈뉴데일리〉, 2015년 7월 20일.

에 등장하는 것, 공공에서 행사를 진행하는 것 자체를 부담스럽게 만들고, 이런 행사를 진행하기 위한 장소 대관을 어렵게 만든다. 실제 유무죄 여부와 상관없이 고소·고발 자체가 번거로운 일이기에 장소를 대관하는 곳에선 망설이거나 시간을 끌거나 결정 과정을 복잡하게 만들 수 있기 때문이다. 이런 일련의 흐름은 이 사회가 이성애-비트랜스만이 살아가(야 하)는 공간이라는 환상, 이 사회의 공적 공간에 등장하는 데 이성애-비트랜스에게는 천부적 권리/권력/권한이 있다는 생각, 비규범적 존재가 공적 공간에 등장하는 것 자체를 논란거리나 문젯거리로 만들 권리와 의무가 이성애-비트랜스에게 있다는 망상을 재생산한다. 그리하여 비이성애-트랜스 혹은 비규범적으로 젠더/섹슈얼리티를 실천하는 존재는 살기 어렵거나, 특별하고 번거로운 절차를 통해서만 등장할 수 있다는 지배 규범을 새롭게 성문화(成文化)한다.

앞에서 설명한 대법원의 판단은 공연음란이나 풍기 문란을 범죄로 만들고 처벌하는 행위가 무엇을 의도하는지 강하게 암시한다. 경범죄처벌법의 역사를 살핀 이선엽의 논의[24]와 풍기 문란과 음란의 역사를 논한 권명아[25]의 논의에 따르면 풍기 문란, 경범죄, 공연음란죄 같은 범죄의 범주를 만드는 작업은 사회 질서를 유지하려는 의도일 뿐만 아니라 국민/시민의 일상생활을 통제

---

24) 이선엽, '경범죄처벌법의 역사적 변천: 제도의 경로, 동형화', 〈한국행정사학지〉 25, 2009, 1~19쪽.

하고 관리하려는 기획의 일환이다. 예를 들어 오늘날의 경범죄, 공연음란죄의 근간이 된 일제 강점기에 만들어진 경찰범처벌규칙[26] 에 따르면 전선 주변에서 연을 날리는 것, 신분을 사칭하여 투숙하는 것, 공중에게 보이는 장소에서 노출하거나 추태를 부리는 것 등 일상생활을 규제하는 87가지 조항의 처벌 항목을 규정하고 있다. 이 조항들은 일상의 세세한 부분을 경찰법으로 지정하고 있으며 비규범적 젠더/섹슈얼리티 실천을 처벌의 대상으로 규정한다. 이를 통해 국민/시민이 스스로 몸을 사리고 관리하도록 한다. 이는 통제할 수 있는 국민을 만들고자 하는 기획이며, 특정한 권력과 지배 규범에 따라 행동하는 법, 생각하는 법, 언어를 이해하고 사용하는 법 따위를 조직하며 다른 삶의 가능성을 배제한다.

그리고 정확하게 이런 기획에서 음란 행위는 범죄로, 그 자체로 심각한 폭력으로 해석된다. ○○○ 전 지검장의 행위는 그 자체로 범죄이고 심각한 폭력인가? 이 질문에는 사법 체계가 국민/시민을 어떻게 규정하려 하는가, '보통인'을 어떻게 상상하는가에 따라 다른 대답이 가능하다. 〈선암여고 탐정단〉에 대한 방통위의 결정처럼 동성으로 인지되는 두 사람이 공공장소에서 키스를 한다면 그것은 '보통인'의 '건전한 사회 통념'에 부합하지

---

25) 권명아,《음란과 혁명: 풍기문란의 계보와 정념의 정치학》, 책세상, 2013.
26) 조선총독부령 제40호, 1912. 03. 25. 제정

않기에 범죄 혹은 심각한 사회적 폭력으로 논의되고 고소당할 수도 있다. 물론 이성애-비트랜스 관계가 아니지만 동성으로 인지되지 않아 어떤 논란도 발생하지 않고 그냥 무시될 수도 있다(그리하여 바이섹슈얼이나 트랜스젠더퀴어의 존재는 삭제된다). 무엇을 음란 행위로 보고 '건전한 사회 통념'에 부합하지 않는 행위로 판단하느냐에 따라 음란 행위는 심각한 폭력이 될 수도 있고 범죄가 될 수도 있고 아무 일이 아닌 것처럼 취급될 수 있다. 앞에서 보았듯이 장발을 단속하던 시기엔 남성으로 인지되는 사람의 장발이 경찰의 단속 대상이었지만 지금은 아닌 것처럼 말이다. 혹은 전직 국회의장의 명백한 성추행/성폭력 사건은 실제 판결 내용과 무관하게 단순 해프닝처럼 취급되면서[27] ○○○ 전 지검장의 행위는 사회적으로 심각한 폭력이자 검찰 집단 자체의 도덕적 문제로 다뤄지는 것처럼. 음란 행위가 심각한 폭력이자 범죄가 되고, 성/폭력이 단순 해프닝이나 음란 행위로 해석되는 것은 폭력에는 관대하고 음란에는 엄격한 한국 사회의 태도를 반영한다. 이것은 한국에서 작동하는 지배 규범의 한 모습이다. 그리고 이것은 어떤 존재를 인지 가능한 범주로 보고 어떤 존재를 인지 불가능한 존재로 규정하느냐에 따라 크게 좌우된다.

---

27) 박홍두, "캐디 '박희태 전 국회의장, 홀마다 성추행했다'", 〈경향신문〉, 2014년 9월 8일; '캐디 성추행 박희태 전 국회의장 항소심도 징역형', 〈한겨레〉, 2016년 1월 20일.

공공성을 다시 묻는다

그럼 이제 공공성 혹은 공연성이 어떻게 구성되는지 살펴보자. 현행 한국 형법에 따르면 공연음란죄의 근거가 되는 공공성은 특정, 불특정에 상관없고 다수, 소수에 상관없이 제3자의 현존을 핵심으로 삼고 있다.[28] 다른 말로 ○○○ 전 지검장 사건의 경우 목격자가 없었다면 그 행위는 공공장소에서 발생했지만 공연음란죄로 처벌되지 않았을 수도 있다. 대신 단 한 명의 목격자만으로도 공공장소에서의 자위 행위는 공공성을 획득하고 공연음란죄로 처벌될 조건을 갖춘다. 법적 처벌이란 측면에서 공공성이란 개념의 구성은 우발적일 수 있다는 뜻이다.

공공장소에서의 성행위와 관련하여 《공공 성행위(Public Sex)》라는 책을 쓴 퀴어 연구자 팻 캘리피아(Pat Califia)는 미국의 공공 성행위 이슈를 분석하면서 공사 구분을 문제 삼는다.[29] 캘리피아가 인용한 사회학자 제프리 윅스(Jeffrey Weeks)는 사적 공간에서의 성적 행위는 허락하지만 공적 공간에서의 성적 행위는 범죄로 처벌하는 구분 방식은 결국 '사적'이란 개념 자체를 터무니없이 제한하고 사적 공간 자체를 없앨 것이라고 지적한다. 즉 제3자가 존재하거나 인지하는 공간은 어디든 공적 공간이 될 것

---

28) 윤해성, '형법 체계상의 공연성', 〈형사정책연구〉 20.1, 2009, 417~444쪽.
29) Pat Califia, *Public Sex: The Culture of Radical Sex*(2nd Edition), Cleis Press, 2000.

이며 제3자가 현존할 수 있는 곳에서 이루어지는 성행위 자체를 부정한 것으로 만든다. 예를 들어 한 게이 남성이 파트너를 찾는 광고 글을 지역 신문에 게재했는데, 경찰은 광고가 경찰의 입장에서 집을 "매음굴"로 만드는 것이라며 그 게이 남성을 체포했다. 경찰은 자신들이 인지할 수 있는 장소가 어느 곳이건 공적 공간이라고 주장하며 많은 퀴어를 검거하고 처벌했다. 제3자의 현존이나 인지만으로 공사 영역 구분과 공공성을 구성하는 방식은 바로 이 개념과 인식 자체가 매우 자의적이고 위험한 발상임을 분명하게 말해준다.

물론 한국의 공공성 개념과 공적 공간 구성은 미국과 차이가 있다. 권김현영이 지적한 것처럼, 한국은 거의 모든 공적 공간이 성행위를 할 수 있는 곳이지만 그곳은 거의 항상 누군가가 엿볼 수 없도록 창문을 가린 구조를 취한다. 모텔이 그렇고 DVD방이 그렇다. 이른바 공적 공간이 성행위가 발생하는 공간이며 모텔 주인이나 DVD방 매니저는 이 사실을 인지하고 있지만 이런 공공장소에서의 성행위는 문제가 되지 않는다. 오히려 방조되고 권장된다. 외부에서 확인할 수 없도록 창문을 가리는 방식, 즉 제3자가 언제나 이미 인지하고 있지만 제3자의 현존/목격/인지 가능성을 차단한 것처럼 인식하도록 공적 공간을 사적 공간처럼 구성하기 때문이다. 이런 공간에서 데이트 성폭력을 비롯한 많은 성/폭력 사건이 발생하지만 다른 많은 이유와 함께 증인/제3자가 현존할 가능성이 희박하여 성폭력 사건은 입증되기 어렵거나 사건으로 구성되지 않고 은폐된다. 혹은 피해자가 '성관계를 즐기고선' 뒤늦게 돈을 뜯어내려고 고소한다며 피해자를 '꽃뱀'으로 비난할 공간적 근거로 사용되기도 한다. 즉 공적 공간의 구조 자체가 성폭력 사건을 조장하고 은폐한다. 반면 창문으로 가릴 수 없는 공원 같은 공간은 제3자의 분명한 현존으로 인해 공적 공간으로 확실하게 인지된다. 공공 성행위 중 범죄로 구성되는 경우는 주로 이런 공간에서 '사건'이 일어났을 때다. 그것이 불/특정 누군가를 대상으로 하는 폭력적 행위가 아니라 아무도 대상으로 삼지 않는 성행위일 때도 무언가로 그 행위가 가려지지 않는다면, 제3자에게 인지된다면 그 행위는 폭력으로, 범죄로 구성된다.

그러나 제3자에게 인지된다고 해서 반드시 '범죄'나 '위반'으로 구성되지는 않으며 제3자가 누구냐에 따라 공공 성행위는 더 악랄하거나 덜 악랄한 사건이 될 수 있다. ○○○ 전 지검장 사건은 이 지점을 잘 드러낸다. 만약 ○○○ 전 지검장을 목격한 사람이 '덩치 좋은' 성인 '남성'이었다면 어땠을까? 그는 그냥 넘어갔을 수도 있고 ○○○ 전 지검장을 향해 욕설을 퍼부으며 되레 위협했을 수도 있다. 그리고 ○○○ 전 지검장의 행위는 범죄로 구성되지 않고 목격자와 ○○○ 전 지검장 둘 사이의 어떤 '해프닝'으로 그쳤을 가능성도 있다. 제3자인 성인 '남성'이 신고를 했다고 해도 이렇게 큰 논란은 안 되었을 수도 있다. 하지만 ○○○ 전 지검장 사건의 신고자, 제3자는 고등학교에 다니는 십 대 여성이었다. 한국에서 소비되고 기대되는 '여고생'이란 이미지는 이 사건을 이토록 큰 사건으로 만들 수 있는 '최적'의 성적 주체다. 제3자, 신고자가 '여고생'이었기에 ○○○ 전 지검장 사건은 곧장 '바바리맨' 사건으로 규정되었다. 신고자가 40~50대 '(비트랜스)남성'이었다면 이 사건이 그렇게 빨리 '바바리맨' 사건으로 인식되지는 않았을 것이다. 정말 '바바리맨' 사건이었다고 하더라도 지금과는 다른 방식으로 해석되고 전혀 다른 '추문'이 되었을 것이다. 즉 공공성은 단순히 제3자의 현존으로 구성되지 않는다. 제3자가 어떤 존재냐에 따라 공공성의 성격, '피의자' 행위의 성격이 해석되고 규정된다.

공공성과 범죄의 구성이 제3자의 성격에 의존하는 측면이 있다면 이런 질문들을 던질 수 있다. 공공성의 구성과 공연음란의 범죄화가 정말 보호하는 것은 무엇인가? 제3자의 현존을 중시하는 방식으로 공공성을 구성하며 많은 성폭력 피해 사건을 은폐하고 비규범적 존재를 '폭력'으로 규정하는 사회가 정말 보호하려는 것은 무엇인가? 대법원의 공연음란죄 기준을 환기하며, 선량한 시민을 보호하기 위함인지, LGBT/퀴어를 비롯한 비규범적 젠더/섹슈얼리티를 실천하는 이들을 처벌하거나 통제하기 위함인지, 이성애 규범성과 이성애-이원 젠더 체제 자체를 보호하기 위함인지 질문해야 한다.

'괴물'을 보호하라

흔히 '바바리맨' 사건으로 불리는 범죄 행위는 남성이 여성에게 자신의 성기를 노출하는 방식으로 진행된다. 여러 사람이 지적하듯 '바바리맨' 사건은 여성이 놀라거나 충격받는 상황을 통해 남성이 자신의 권력을 확인하는 행동이란 점에서 여성에 대한 폭력인 동시에 남성이 자신의 권력을 확인하는 일상 행동이다.[30] 그런데 여기서 놓치지 말아야 할 점은 이 성범죄 행위는 이성애-이원 젠더 관계를 근거로 하고 있다는 것이다. '바바리맨' 사건은 그들의 실제 성적 선호나 지향이 무엇이건 성기 중심으로 판단하는 남성의 이성애적 능력, 여성을 남성과의 관계를 통해서만 사유하는 태도, 즉 모든 개인을 남성과 여성으로 환원하고 모든 사람은 이성애자며, 여성은 남성을 통해서만 의미를 획득한다는 이성애-이원 젠더 토대에서 발생한다. 하지만 '바바리맨' 사건을 언급할 때는 아무도 이성애를 말하지 않으며 '피해자'가 자신을 여성으로 인식하건 하지 않건 가해자가 피해자를 '여성'으로 규정하는 젠더 폭력이 발생함을 말하지 않는다.[31]

마찬가지로 언론에 보도되는 많은 소아성애나 아동성애 혹은 아동성범죄 사건은 이성애 맥락/관계에서 발생한다. 즉 성인 남

---

30) 유현미, '공연음란죄와 길거리 괴롭힘 반대 행동', 〈반성폭력〉 9, 2015, 29~35쪽.
31) 루인, '젠더, 인식, 그리고 젠더 폭력: 트랜스(젠더)페미니즘을 모색하기 위한 메모, 네 번째', 〈여성학논집〉 30.1, 2013, 199~233쪽.

성 가해자와 어린 여성 피해자라는 구도에서, 나이 권력과 이원 젠더 권력 관계가 함께 작동하며 발생하는 사건이다. 하지만 이 사건들은 결코 이성애-이원 젠더 관계에서 발생하는 사건으로 호명되지 않는다. 가해자를 성도착증 혹은 소아성애증으로 규정하며 정신이상으로, 괴물로 추방할 뿐이다. 즉 이성애와 이원 젠더는 그 자체로 매우 협소한 범주일 뿐만 아니라 범죄가 가장 많이 발생하고 폭력이 가장 빈번하게 일어나는 실천임에도 범죄와 가장 무관한 것으로 규정된다. 더 정확하게는 범죄와 연관될 때는 이성애를 삭제하고 '이상' 섹슈얼리티 범죄, 병리적 현상, (정신)장애와 관련 있는 행위로만 명명된다. 아동성폭력이 아무리 문제가 되어도, '바바리맨' 사건을 아무리 심각한 성폭력 범죄로 인식한다고 해도 이성애-이원 젠더 체제는 안전하다. 범죄 행위를 성도착/정신병리로 추방하며 이성애-이원 젠더는 법을 통해 안전한 섹슈얼리티-젠더로 보호받는다.

다른 말로 하면, 공공장소에서의 성행위를 성도착증으로 명명하는 작업은 그 행위가 실제 '도착'인지 '범죄'인지가 중요하다기보다 이성애를 안전하게 보호하고 이성애를 인식에서 지우고 은폐하기 위해 만들어진 작위적 진단 행위다. ○○○ 전 지검장 역시 마찬가지다. 그를 '성도착증' 혹은 '성선호장애'라는 정신병 진단 범주로 명명하는 순간, 그가 이성애 맥락에서 관계를 맺은 그의 가족은 안전하게 보호된다. 그의 개인적 일탈, 정신이상이 문제가 될 뿐이다. 물론 그의 '일탈'은 가족의 명예에 흠집을 내기에 가족에게 어떤 문제를 야기한다고 말할 수도 있다. 그렇다고 해도 이성애 가족 구성 자체는 흔들리지 않는다. 이성애의 불안이 아니라 개인의 불안이 되고, 많은 이성애 실천 중 하나, 이성애 구조의 속성이 아니라 개인의 일탈이 될 뿐이다. ○○○ 전 지검장 사건을 둘러싼 논쟁은 이성애-이원 젠더 구조를 절대 언급하지 않음으로써 이성애-이원 젠더 구조를 은폐하고 보호하는 데 성공했다.

이 글의 요지는 퀴어 범죄학이란 인식론을 통해 이 사회의 지배 규범 중 하나인 이성애-이원 젠더 규범이 어떻게 인간의 섹슈얼리티를 구성하고 인식에서 누락되며 그 과정에서 규범 자체를 어떻게 은폐시키는가이다. 공공장소에서의 성행위를 '바바리맨' 사건으로 치환하고 성도착증/성선호장애로 명명할 때 이성애-이원 젠더는 비난의 대상이 되지 않는다. 이상 성행위로 불리는 행위가 비난의 대상이 되며 이 과정에서 LGBT/퀴어가 함께 비난의 대상이 된다. ○○○ 전 지검장 사건이 발생했을 때 많은 사람이 ○○○ 전 지검장을 정신병리로 명명했고, 검찰의 기강 해이라며 엄벌을 요구했다. 하지만 ○○○ 전 지검장을 기소하는 과정에서 성폭력 사건을 제대로 처리하겠다는 사회적/사법적 의지는 표명되지 않았다. 2015년 11월 서울고등법원은 '싫다'는 거부 의사만으로는 강간죄가 성립하지 않는다고 판단했다.[32] 음란 행위엔 가혹할 정도의 사회적 관심과 처벌이 따르지만 성폭력 사건에 대한 법원의 판단, 즉 '보통인'의 '상식'에 근거한다는 판단은 이런 식이다. 이 글에서 내가 퀴어 범죄학의 문제 의식으로, ○○ 전 지검장 사건을 '바바리맨' 사건이 아닌 방식으로 설명하려 한 이유가 여기에 있다.

누가 괴물이고 무엇을 보호하는가? 지배 규범의 도덕 윤리를 밑절미 삼아 이에 부합하지 않는다고 규정된/추방된 존재가 괴물인가, 많은 괴물을 재/생산하며 사회 구성원에게 가해지는 성/폭력을 방치하고 방조하는 지배 규범 혹은 한국 사회가 괴물인가? 쾌락을 생산하는 음란 행위와 성행위를 범죄로 판결하는 현행법, 혹은 사회 규범이 정말로 보호하는 것은 성/폭력을 재생산하는 바로 그 자신 아닌가? 지배 규범의 윤리에 따라 괴물로 추방된 존재인 나는 나와 같은 괴물을 '보호'하기 위해 '괴물'을 보호하는 사회에 질문하고 싶다. 괴물을 보호하라. 그런데 누가 괴물이고 무엇을 보호하는가.

---

32) 김동우, "법원 '싫다는 의사만으로 강간죄 성립 안 된다'", 〈국민일보〉, 2015년 11월 8일.

미성년자 의제강간,
무엇을 보호하는가

권김현영 | 《언니네방 1, 2》, 《남성성과 젠더》의 편저자이
고, 《성의 정치 성의 권리》, 《성폭력에 맞서다》, 《대한민국
넷페미사》, 《페미니스트 모먼트》 등 다수의 공저가 있다.
한국성폭력상담소, 언니네트워크 등에서 일했고, 여러 대
학에서 "젠더와 정치", "대중문화와 섹슈얼리티", "페미니
즘 정신분석학" 등의 과목을 가르쳤다. 여성주의 연구활
동가라고 불리는 것을 가장 좋아한다.

욕구의 완전한 충족만을 행복이라고 보는 한,

문명 안에서의 자유는 본질적으로 행복과는 적대적이다.

– H. 마르쿠제[1]

미성년자와 성관계한 성인을 처벌해야 할까?

불편한 질문으로 글을 시작해보려고 한다. 미성년자와 성관계한 성인, 처벌해야 할까? 이 질문 자체가 도덕적으로 불쾌한 사람도 있을 것이다. 연일 미성년자에 대한 성적 착취가 보도되고 있는 사회에서 이러한 즉각적인 불쾌감도 무리는 아니다. 하지만 처벌의 기준을 생각하면 쉽지만은 않다. 처벌한다면 몇 살부터 처벌해야 하며, 그 기준은 어떻게 정할 수 있을까?

---

1) M. 마르쿠제, 《에로스와 문명 – 프로이트 이론의 철학적 연구》, 김인환 옮김, 나남출판, 2004, 39쪽.

2010년 10월, 중학생 아들이 교사와 주고받은 문자를 본 부모가 교사를 경찰에 신고한다. 경찰 조사 결과, 교사(여, 35세)와 학생(남, 15세)은 성관계를 한 것으로 밝혀졌지만 양측 모두 상호 동의하에 이루어졌다고 주장했고, 결국 이를 처벌할 수 있는 관련 법령이 없어 훈방 조치 되었다.[2] 2010년 11월에는 교사(남, 25세)가 담임을 맡은 반 학생(여, 14세)과 수차례 성관계를 맺은 사건이 알려졌으나 3개월 정직의 경징계에 그쳤다.[3] 또 2016년 7월에는 교사(여, 31세)가 학생(남, 15세)과 성관계를 한 사실이 언론에 의해 밝혀져 교육청에서 진상 조사에 들어간 사건도 있다.[4] 2014년 발생하여 2016년 현재에도 법정 다툼을 하고 있는 연예기획사 사장(남, 42세)과 중학생(여, 15세) 사건의 경우에는 중학생이 성폭력으로 고소했으나 강제성이 입증되지 않았다는 이유로 2심에서 무죄로 판결 났다.

2) '15세 제자와 성관계 女교사 처벌 불가?', 〈서울신문〉, 2010년 10월 18일. 하지만 A씨는 학교에서 파면되었고 나중에 인터넷으로 신상 정보가 공개되어 '사회적 처벌'을 받았다. '제자와 성관계 30대 女교사 신상 정보 공개 파문', 〈머니투데이〉, 2010년 10월 18일.

3) '담임 교사, 여중생과 수차례 성관계 파문 충격', 〈MBC 뉴스투데이〉, 2010년 11월 8일.

4) '중학교 교사, 제자들과 부적절한 관계 논란', 〈JTBC 뉴스〉, 2016년 7월 7일. 운동부 중학생 B군(15세)은 취재를 온 기자에게 음악 교사 A씨(33세)와 나눈 문자를 보여주었다. "사랑해" "자라 그냥" "서방님이 자야 나도 자요" "그런 되도 않는 소리 하지 말고"라는 내용이었으며, 둘 다 교제 사실은 인정하나 성관계에 대해서는 부인하고 있는 것으로 알려졌다. A교사는 부임 전 다른 학교에서도 학생과 성관계를 했다는 의혹을 받았으나 이에 대해서는 학생이 목을 조르는 등 위협을 하여 맺게 된 것이라고 진술하였다.

위의 사건들은 북미나 유럽이었다면 형사 처벌 되었겠지만, 한국에서는 그렇지 않았다. 왜일까? 한국이 북미나 유럽보다 미성년자의 성적 자기 결정권을 더 존중한다거나, 한국의 청소년들이 외국보다 신체적으로 빠르게 성장한다는 이야기를 들어본 일은 없다. 그럼에도 불구하고 위의 사건들에 대한 형사 처벌이 불가능했던 이유는 간단하다. 현재 한국에서 미성년자 의제강간(擬制強姦)이 적용되는 나이는 13세 미만이기 때문이다.

의제강간이란, 간단하게 설명하면 "동의 여부에 관계없이 강간"으로 취급하여 처벌하는 법 조항이다. 영어로는 Statutory Rape, 즉 법률상의 강간이라고 부른다. 본질적으로는 동의한 관계이므로 강간이 아니지만 법적으로는 강간으로 취급하겠다는 얘기다. 의제(擬制)라는 말의 사전적 뜻 자체가 "본질은 같지 않지만 법률에서 다룰 때는 동일한 것으로 처리하여 동일한 효과를 주는 일"을 말한다. 민법에서 실종 선고를 받은 사람이 일정 시간이 지나면 법적으로 사망한 것으로 보는 경우 등에도 사용된다. 다시 말해 "동의 여부에 관계없이 강간"이라는 말 자체는 본질적으로 강간의 정의와는 다르며 심지어 모순이지만, 설사 "상호 동의를 했다 하더라도 그것은 사실상 강제"였을 것이라는 적극적인 법 해석을 통해 강간과 동일한 것으로 취급한다는 뜻이다. 미성년자는 동의 능력이 없으므로 애초에 동의 자체가 성립할 수 없다고 보는 것이다. 그렇다면 동의가 가능한 나이는 몇 살부터일까?

미성년자 의제강간법이 만들어진 이유

한국의 연령 기준 13세는 조혼 풍습이 남아 있는 아프리카 일부 국가와 혼전 성교를 금지하는 이슬람 국가를 제외하면 일본과 더불어 전 세계에서 가장 낮은 경우에 속한다.[5] 북미와 유럽은 대체로 14~16세이며, 미국의 캘리포니아 주와 플로리다 주에서는 18세를 동의 가능한 나이(consent of age)로 규정한다. 한국은 다른 나라보다 유난히 의제강간 기준 연령이 낮기 때문에 이런 사건이 일어날 때마다 연령 상향 개정이 필요하다는 이야기가 나왔다. 2010년에서 2016년에 이르기까지 총 네 차례에 걸쳐 의제강간 연령 상향을 두고 법 개정 논의가 이루어졌다. 관련 논의가 불거질 때마다 찬반 양측의 주장은 대동소이하다.[6] 연령 상향 찬성 측은 "13세에서 18세 사이의 미성년자의 경우 간음이나 추행의 의미를 알고 동의를 할 만한 능력을 갖추었다고 보기 어려우므로 보호가 필요하다."고 주장하며,[7] 반대 측 의견을 낸 법무부는 "13세 이상 16세 미만 미성년자는 성적인 발육이 상당 부분 이루어진 시기이며, 개인의 성적 자기 결정권이 형성되고 발전해 가는 시기이다. 사회적으로 성에 대한 의식이 크게 변화

---

5) 문서번호 1901742, 국회 법제사법위원회 검토 보고서, 2012년 11월, 9~12쪽.
6) '13살 이상과의 성관계: 처벌 vs 처벌 반대', 〈허핑턴포스트코리아〉, 2014년 8월 5일.
7) 의안번호 1742, 형법 일부개정법률안(권성동의원 대표 발의), 2012년 9월 12일.

하고 있으며, 청소년 간의 이성 교제도 과거보다 보편화되었다." 는 이유에서 연령 상향에 부정적인 입장을 표명하고 있다.[8] 한편, "기준을 올리면 중3 학생들끼리 동의해 관계를 맺어도 처벌하는 불합리한 상황이 발생한다."[9]는 우려의 목소리도 항상 나온다. 그러나 이런 문제에 대해서는 해외 각국의 입법례를 통해 문제를 조정하는 방안이 이미 제시되어 있다. 예를 들어 미성년자 사이의 성관계는 처벌하지 않으며, 성인이라 해도 미성년자와 세 살 이내의 나이 차이가 날 경우 중범죄가 아니라 경범죄로 규제하는 등 속칭 '로미오와 줄리엣' 법이라고 불리는 예외 규정을 통해 미성년자 간 성관계를 처벌하는 사법적 '과잉' 조치에 대한 가능성을 차단하고 있다.[10]

---

8) '성폭력과 의제강간 보호 연령 토론회', 2015년 한국폭력예방상담학회 심포지엄, 2015년 4월 25일.
9) 길태기 당시 법무부 차관의 발언. 같은 회의에서 김진태 의원 역시 "요새 아이들이 옛날에 비해 굉장히 조기 발육이 되기 때문에 …… 연령 인지의 여부를 인지하지 못하는 경우가 생길 수 있다."는 이유로 반대 의견을 표명했다. (국회회의록 19대 311회 2차 법안심사제1소위원회 회의록, 2012년 11월 22일, 6쪽)
10) 미국 텍사스 주 등에서는 연령 차이가 3~4살 이내의 경우에는 불기소 혹은 경범죄 처분을 하는 로미오와 줄리엣 법을 도입하여 미성년자 간 성관계에 대해 지나친 국가적 개입을 경계하고 있다. 독일과 대만에서는 14세 미만의 경우 예외 규정 없이 무조건 보호하고, 14세 이상 16세 미만자의 경우에는 행위자의 직무 등에 따라 처벌 정도를 달리하고 있다. 예를 들어 대만에서는 형법 제6장 방해성자주죄(妨害性自主罪) 제227조에 의거, 14세 이상 16세 미만자와 성인이 성관계를 할 경우에 7년 이하의 징역에 처하고, 독일에서는 16세 미만과 18세 미만의 경우에 각각 범죄 성립의 구성 요건을 달리하여 법적 판단을 내리고 있다.

의제강간을 둘러싼 쟁점의 변화 양상

다시 정리해보자. 우리 사회에서 강간은 오랫동안 정조의 문제로 여겨져 오다가 1990년대 이후에야 개인의 성적 자기 결정권 침해 문제로 이해되기 시작했다. 미성년자 의제강간법의 경우, 역사적으로 두 번의 쟁점 전환이 일어났다. 처음에 이 법은 '아버지의 자산인 딸의 순결'을 보호하기 위해 만들어졌다.[11] 이는 '결혼'을 여성이 선택할 수 있는 유일한 선택으로 만들어 가는 과정이기도 하다.[12] 어린 여자아이의 순결을 빼앗은 남성은 그에 상응하는 대가를 지불하거나 결혼을 약속하도록 종용받았다. 따라서 19세기까지 의제강간법의 관심은 오직 딸에게만 국한되었다. 이 법으로 인해 '순진무구한' 딸들을 꾀어낸 위험한 성인 남성들에게 책임지라고 말할 수 있었고, 혼전 임신이라는 위험성을 최소화할 수 있었다.[13] (참고로, 위에 언급한 사건 중 남자 교사는 14세 여학생과 결혼을 약속했다는 이유로 매우 가벼운 징계

---

11) Carolyn E. Cocca, Carolyn E. Cocca, Prosecuting Mrs. Robinson? Gender, Sexuality, and Statutory Rape Laws, *Deviance*, vol.16, 2002, Ann Arbor, MI: MPublishing, University of Michigan Library. url: http://hdl.handle.net/2027/spo.ark5583.0016.003

12) 정희진은 홉스의 《리바이어던》을 재독하며 국가와 시민 사회가 만들어지는 과정에서 여성이 결혼 제도에 들어가는 것은 곧 시민권이 박탈되고 사적 개인 남성의 소유가 되는 의미였다고 설명하고 있다. 정희진, '기혼녀의 정조 유린은 미혼녀의 그것보다 더 큰 범죄다 - 리바이어던', 〈한겨레〉, 2012년 11월 23일.

13) Gary W. Harper, "Contextual Factors that Perpetuate Statutory Rape: The Influence of Gender Roles, Sexual Socialization, and Sociocultural Factors", *DePaul Law Review*, vol. 50, pp. 897, 900, 904.(2001)

를 받고 석 달 만에 복직했다.[14] 여자 교사의 경우에는 둘 다 해임되었고 네티즌에 의해 개인 신상 정보가 공개되는 등 사회적 처벌이 이루어졌다. 이 모든 것이 다 21세기에 일어난 일이다.)

하지만 미성년 딸에게 성적 욕망이 있을 리 없다는 19세기 믿음은 20세기 들어서 차츰 깨지기 시작했다. 킨제이를 비롯한 20세기의 성과학자들은 미성년자들이 얼마나 일상적으로 자위를 하는지를 조사했고, 틴에이저인 13~19세 사이에 성별을 불문하고 성적 호기심이 얼마나 왕성해지는지를 보고하기 시작했다. 반면, 미성년자들의 섹슈얼리티가 가시화되면 될수록 사회와 국가는 강박적으로 변해 가기 시작했다.[15] 여기에서 두 번째 전환이 일어난다. 미성년자 의제강간법의 보호 대상이 처음에는 딸, 즉 소녀에 국한되었다면 미성년자 섹슈얼리티 전반에 대한 사회적 보호 담론이 힘을 얻기 시작하면서 성 중립적인 법률로 변경되기 시작했던 것이다.[16] 아버지의 재산인 딸의 순결을 보호하는 문제였다가, 미성년자의 섹슈얼리티를 통제하는 문제로 쟁점

---

14) '여중생 제자와 성관계 담임 교사, 복직 논란', 〈머니투데이〉, 2011년 8월 6일. 이 기사에 따르면, "정직 3개월 처분이 너무 가벼운 게 아니냐는 일각의 지적에 대해 (교육청) 관계자는 '당시에도 그런 의견이 있었지만 징계위에 피해 학생 어머니가 참석해 선처를 호소해 징계위원들이 징계 수위를 낮춘 것 같다'고 해명했다." 당시 "해당 교사가 학생의 학부모 측에게 결혼 등 장래를 책임지겠다는 약속을 한 것으로" 알려졌다.

15) Judith Levine, *Harmful to Minor - The Perils of Protecting Children From Sex*, University of Minnesota Press, 2002, p. 157.

16) Susannah Miller, "The Overturning of Michael M.: Statutory Rape Law Becomes Gender-Neutral in California", 5 UCLA WOMEN'S L.J. 289, 297 (1994)

이 전환된 것이다.

　20세기 들어 의제강간법에 관심을 둔 집단은 기독교와 페미니스트, 두 진영이었다. 기독교에서는 미성년자의 섹슈얼리티 자체를 금기시하는 데 초점을 맞췄고, 페미니스트 그룹에서는 미성년자에게 성적 관심을 보이는 성인들을 규제하는 것을 주요 목적으로 삼았다는 점이 다르다. 보수 기독교인들은 성욕 자체를 불온하게 여긴다. 이들은 음란물을 규제하고 검열을 강화하고 순결을 서약하게 하고 피임 교육을 반대하며 순진한 청소년들이 혼전에 성에 노출되면 신체적·정신적으로 유해하다고 설교한다. 한편 페미니스트들은 가정이나 학교 등에서 가족과 교사 등 교육과 훈육의 책임이 있는 성인들이 아동·청소년에게 성적으로 접근하는 것 자체를 원천 봉쇄할 필요가 있다고 주장한다.

　두 입장은 매우 다르지만 한 가지만은 공유하고 있다. 즉 성인과 미성년자는 모두 성 중립적인 존재로 가정된다는 점이다. 이에 따르면 여교사와 남교사는 나이와 지위라는 위계를 이용할 수 있다는 점에서 동일하며, 여중생과 남중생은 모두 성적으로 취약한 집단이다. 하지만 나이와 지위에 젠더 변수를 더하면 어떨까? 여기에서부터는 문제가 좀 복잡해진다. 소녀들의 성적 호기심은 억압과 금기의 자장 속에서 자신들만의 하위 문화를 만드는 데로 나아가고 있고, 소년들은 페니스의 변화와 힘에 도취되도록 추동하는 포르노에 광범위하게 노출되어 있다. 하지만 미성년자 의제강간법은 소녀와 소년이 경험하는 현실적 차이와는 무관하게 성별 중립적인 기준을 통해 특정 연령 이하의 소년·소녀들을 모두 순진한 천사이자 잠재적인 피해자로 만든다. 여자와 아이라는 성적 타자의 범주는 미성년자 의제강간이라는 법적 렌즈에서는 아이로 표준화된다.

젠더 규범이 젠더 폭력으로 실천될 때

젠더는 성적 차이를 구성해내는 권력을 비판하기 위한 인식론적 도구다. 하지만 '젠더'라는 용어를 양성평등으로 번역하고, 양성평등을 다시 남성과 여성이라는 성별 이원론으로 이해하는 경우가 종종 있다. 즉, 남성 피해자도 있다는 사실이, 여성 피해자가 95% 이상을 차지하는 문제를 가려버리는 방식으로 사용되고는 한다. 위에 언급했듯이, 나이와 젠더 위계의 교차로에서 여성과 남성은 각기 다른 현실을 경험한다. 남성은 강간의 피해자가 될 수 없다거나, 남자아이들은 보호가 아니라 통제가 필요하다는 말을 하려는 것이 아니다. 잠재적 피해자와 잠재적 가해자를 생물학적 성별에 따라 나누고, 각자 경험하는 세계의 차이를 인정하여 다시 여자아이만을 보호하는 것으로 돌아가자는 이야기도 아니다. 다만 한 개인이 태어난 지정 성별에 맞게 살아가도록 규범적 실천을 체화하는 과정에서 어떤 폭력적 태도와 행위들은 매우 정상적인 행동으로 이해된다는 점을 상기해보자는 것이다. 많은 경우, 문제는 폭력 그 자체가 아니라 규범적 젠

더를 실천했는지 여부에 따라 평가 기준이 달라진다.[17)]

　다른 범죄와 달리 성폭력 범죄에서 수사관과 재판관들은 피해자의 상황을 끊임없이 문제시한다. 특히 사건 당시의 옷차림, 당사자의 외모, 직업, 가족 관계, 혼인 여부, 성 경험 여부 등에 대한 질문들처럼 피해자가 성적인 주체로서의 위치를 드러내는 경험과 태도는 사건의 맥락을 파악하는 데 결정적인 단서가 된다고 믿는다. 피해자의 상황을 묻지 않는 유일한 예외는 연령이다. 성폭력 범죄의 가해자와 피해자 성비와 연령 통계를 살펴보면, 성인 남성들이 가장 많이 가해를 저지르며 최근 들어 청소년 가해자의 비율이 높아지고 있다. 그러나 의제강간의 경우, 보도된 사건들의 성비는 양성의 비율이 매우 잘 맞춰져 있다. 양성평등이라는 개념이 현실을 가리는 대표적인 사례라고 할 만하다. 아동 성폭력 범죄 통계를 보면, 13세 미만 피해자의 성별은 여자 87.8%, 남자 12.2%로 남자의 비율도 상당하다. 그러나 13세~20세 사이에서는 남자 피해자가 4.2%에 불과하다. 또 다른 통계를 보자. 13세 미만 아동 대상 성폭력 범죄는 지난 10년간 1.7배 증가한 반면, 13~20세 청소년 대상의 성폭력 범죄는 3.8배 증가했다.[18)] 전체 성폭력 범죄자 중 18세 미만의 남자 청소년이 차지하는 비율은 20%로 19~30세(32%)에 이어 두 번째로 높

---

17) 루인, '젠더, 인식, 그리고 젠더 폭력: 트랜스(젠더) 페미니즘을 모색하기 위한 메모, 네 번째', 〈여성학논집〉 30.1, 2013, 211쪽.

다. 즉 13~20세 여자 청소년들은 성폭력 범죄 피해자가 될 가능성, 같은 연령대의 남자 청소년들은 가해자가 될 가능성이 높다는 말이다. 연령 기준이 성 중립적으로 사용될 때 현실과는 엄연히 다른 결과를 야기할 수 있다는 말이다. 교사들 역시 성별에 따라 각기 다른 현실을 살아간다. 한국의 남성 문화 내에서 남자 청소년, 여자 청소년, 여자 교사, 남자 교사의 섹슈얼리티는 매우 다른 의미로 재현되고 실천된다.

앞서 언급한 사건에서 남자 중학생은 성관계 이후 여자 교사에게 "그만 자라"고 반말을 하고, 여자 교사가 "서방님"이라고 답했다. 나는 이 사건의 기사를 찾아보면서 젠더의 규범적 실천이 연령과 지위라는 변수를 뭉갤 수 있을 만큼 강력하게 작동한다는 사실에 새삼 놀랐다. 연령과 지위에 따른 책임을 망각한 교사에게 무거운 책임을 물어야 하는 것은 마땅하나, 이 남자 중학생은 과연 피해자로서의 감각을 가지게 될까? 유사한 상황의 포르노그래피가 온통 주위를 에워싸고 있는 상황에서 그것은 가능할까? 폭발적으로 늘어난 다양한 인터넷 커뮤니티에서 그는 이미 미성년 남학생들의 은밀한 영웅으로 회자되고 있다. 여교사의 치마 아래를 훔쳐보는 것이 놀이 문화로 승인되고 또한 그런 행동을 남자 중학생의 이제 막 분출하는 테스토스테론 탓

---

18) 13세 미만 대상 성폭력은 2005년 713건에서 2014년 1,208건으로 증가했으며, 13세~20세 대상 성폭력은 2005년 2,191건에서 2014년 8,322건으로 증가했다. 대검찰청, '2015 대검찰청 범죄 분석', 2015.

으로 이해하고자 하는 사회에서 여교사는 과연 가해자이기만 했을까? 그 반대는 어떤가? 내가 중학생이었을 때 우리 반 여학생들이 전부 공모하여 갓 부임해 온 남자 교사를 놀려먹으려고 교탁 아래 고추를 숨겨 둔 적이 있었다. "선생님 남대문 열렸어요. 거기 고추 있어요."라고 소리 지르던 여자 중학생들의 장난을 돌이켜 보면, 당시 여중생이었던 우리가 성적으로 무지하고 무해한 존재였던 것 같지는 않다.

질문해야 할 것은 많다. 왜 남자아이들의 섹슈얼리티에 대한 왕성한 호기심은 허용되거나 심지어 환영받는 반면, 여자아이들의 호기심은 규제의 대상이 되는가? 학교에서 교사들의 섹슈얼리티는 젠더에 따라 어떻게 드러나고 감춰지는가? 교사들은 학생들의 성적 호기심을 규제하기 위해 어떤 성별화 전략을 사용하는가? 여교사의 치마 속을 반짝이는 거울로 때로는 핸드폰으로 들여다보는 남학생들의 행동을 규제하려면 어떤 장치와 언어가 필요한가? 남교사가 여학생과 비교해서 남학생들을 더 심하게 처벌할 때 남학생과 여학생들 간의 성별 긴장은 어떻게 강화되는가? 남학생들에게는 '지나친' 성적 호기심을 학업 성취 저하와 체력 손실에 대한 경고로 언급하고, 여학생들에게는 '섹스는 무조건 여자 손해'라는 식으로 이야기하는 것은 결국 어떻게 젠더 질서를 강화하게 되는가? 시작되어야 할 질문은 대단히 많다. 하지만 이런 질문들은 다시 성적 자유주의자와 성 중립적 법률가들에 의해 기각된다. 논의의 초점은 성인이 아니라 자꾸 미성년자로, 그중에서도 '나이'에만 맞춰진다. 법무부에서는 미성년자 의제강간 연령 상향에 대한 논의가 불거질 때마다 13세에서 16세 사이의 청소년이 과연 어떤 성적 능력을 가지는지, 2차 성징을 비롯한 육체적 변화는 어느 정도로 진행되는지를 면밀하게 살펴봐야 한다는 내용의 조심스러운 논평을 10년째 계속 반복하고 있다.[19] 그렇다면 정말 나이가 문제인가? 오히려 나이가 문제를 감추고 있는 건 아닐까?

표준에 대한 집착

현행 미성년자 의제강간을 둘러싼 형사법적 규율 체계는 "동의 여부를 결정할 능력(consensuality)"이 특정 나이에 따라 단계별로 구축된다는 믿음에 기초해 있다. 일단 중요한 점은 성폭력에서 동의 여부는 개별 사건에서는 중요하지만, 성폭력이라는 사회 문제를 인식하게 하는 데에는 부족한 개념이라는 것을 이해해야 한다. 이를 두고 정희진은 "성폭력을 (여성의) 동의의 권리를 침해하는 문제로 보는 것은, 젠더 계급이 존재하는 현실의 정치적 억압을 개인의 의지 문제로 환원"한다고 지적한다.[20] 미성년자 의제강간 연령 상향 논의의 핵심은 "동의 가능한 나이"

---

19) 홍승희, '미성년자 의제강간 연령 조정에 대한 검토', 법무부 여성아동인권과, 자료집 24쪽.
20) 한국여성의전화연합 기획, 정희진 엮음, 《성폭력을 다시 쓴다 – 객관성, 여성 운동, 인권》 서문, 한울아카데미, 2003.

를 몇 살로 볼 것인가에 있다. 당연히 13세에 정신도 육체도 많이 자란 아이와 그렇지 않은 아이가 있고, 이에 따라 동의 능력 여부는 개인차가 많이 날 것이다. 개인차만이 아니다. 미성년자의 기준 또한 법에 따라 천차만별이다. 형법은 13세 미만, 민법과 청소년 보호법은 19세 미만, 아동복지법은 18세 미만이다. 생일을 기준으로 하는가, 당해 연도의 시작을 기준으로 하는가에 따라서도 다르며, 형법 내에서도 의제강간죄는 14세 미만, 아동 혹사에 관한 죄는 16세 미만으로 규정되어 있다. 민법상 미성년자는 만 19세이지만 혼인 가능 연령은 18세부터이다. 병역·공무원 8급·혼인 적령·운전면허는 18세가 하한선이고, 주민등록은 17세에 발급된다. 한국 법제도상 나이 기준은 워낙 복잡하고 임의적이며, 나이를 나누는 기준의 근거가 정확히 제시된 곳은 없다. 전 세계에서 유일하게 한국만 선거 연령이 19세인 이유도 설명되어 있지 않다.

나이에 따른 이러한 분류는 직선적 시간관과 육체에 대한 정신의 우월성을 강조하는 근대적 주체론에 바탕을 둔 인식론적 신념을 규범으로 전제한다. 정상적인 인간이라면 동일한 시간 기준에 따라 육체적 발달이 표준적으로 이루어진다는 믿음, 정신이 육체를 완전히 통제할 수 있어야 성인으로서 공동체의 동등한 구성원이 될 수 있다는 신념, 미성년자는 자신의 육체적 변화를 감당할 만한 능력이 없다는 도덕 관념 등이 그것이다.

나이에 대한 신념 체계가 섹슈얼리티와 관련되면 다음과 같은 세 가지 기준이 만들어진다. 첫째, 13세 이전의 아이들은 총체적으로 미성숙하다. 둘째, 13세에서 18세 사이에는 육체적으로는 성인과 유사하나 경제적·정치적 권리를 행사할 능력은 없다. 셋째, 20세 이상의 성인은 폭행, 협박이 없는 한 자유의지로 성관계를 한다. 물론, 이 세 가지 기준 모두 사실이 아니지만, 이 부분은 잠시 차치하고 논의를 전개해보자. 보호와 권리 사이에서 가장 까다로운 시기는 보통 13세부터 18세인데, 통상 이 시기를 뜻하는 청소년기(adolescence)의 어원 자체가 "성숙해 가는 과정 혹은 상태"를 의미한다.[21] 미성년자 의제강간의 연령 기준 논의에서 가장 뜨거운 논란이 되는 나이가 바로 13세에서 18세 사이인 이유이다. 많은 담론들이 청소년기의 특성으로 정신이 육체를 제대로 지배하지 못해 충동적이 되기 쉽다고 설명한다. 즉 13세에서 18세 사이의 청소년들은 육체적으로 성숙했지만, 정신적으로는 미성숙하다고 취급된다.

미성년자에게 진짜 유해한 것

이러한 인식론에서 청소년기의 섹슈얼리티는 언제나 '한때'라는 예외 상태로 호명되거나 '아직'이라는 유예 명령을 받는다.[22] 청소년뿐만 아니다. 인간의 개별적 신체는 연령 기준에 따라 정

---

21) 출처: http://dictionary.reference.com/browse/adolescence

상/비정상, 발달/미발달로 분류될 뿐만 아니라 직선적 시간관에서 조숙과 미숙이라는 새로운 증상을 떠안게 된다. 어린이의 성적인 표현에 대한 지나친 경계심은 '어린이의 규범적 섹슈얼리티의 점진적인 병리화'에 기여한다.[23] "미성년자에게 유해한 것은 섹스가 아니라 아이를 섹스에서 보호하는 일"[24]이라는 주디스 레빈의 주장은 소아성애를 정당화한다는 반발을 불러일으켰다. 하지만 '섹스에 노출될수록 미성년자들이 더럽혀진다'는 믿음을 다시 생각해보자. 요즘 텔레비전 프로그램에서는 미성년자인 아이돌 그룹의 멤버에게 애교를 강요하고 음식을 먹게 하면서 구경한다. 에두른 은유를 넘어서 꽤나 직접적으로 포르노그래피로 읽을 수 있는 소아성애적인 장면도 종종 등장한다. 여기 직접 출연한 미성년자들은 섹스가 무엇인지 모르는 사람처럼 굴어야 하지만, 매우 섹시하게 코드화된 문법 속에서 능숙한 연기자의 능력을 보이도록 요구받는다. 무지 자체를 연기하는 상황, 이것보다 더 유해한 일이 어디에 있는가?

아동을 섹스로부터 보호하려다가 아동의 섹슈얼리티에 대한 강박과 결벽증이 가속화되는 증거들은 수없이 많다. 지난 10년

---

22) 권김현영·한채윤, '10대의 성 정체성, 한때와 탈반의 섹슈얼리티에 갇히다', 유쾌한섹슈얼리티인권센터 기획, 변혜정 엮음, 《10대의 섹스, 유쾌한 섹슈얼리티》, 동녘, 2010.
23) J. 잭 할버스탬, 《가가 페미니즘 ― 섹스, 젠더, 그리고 정상성의 종말》, 이화여대 여성학과 퀴어·LGBT 번역모임 옮김, 이매진, 2014, 48쪽.
24) Judith Levine, 앞의 책, pp. 26~29.

간 '급증'한 성조숙증이 그 실례 중 하나다. 2006년 6,400명으로 집계된 성조숙증 '환자'는 2009년 21,712명, 2013년 66,395명으로 급증[25]했다. 성조숙증은 2차 성징이 8~9세 때 시작되면서 유선이 발달하거나 고환이 커지는 증상이 특징이다. 여자가 남자의 평균 10배 이상 더 발병한다. 성조숙증의 원인은 복합적이지만 가장 많이 언급되는 것은 소아비만이다.[26] 이제 남들보다 조금 빠른 2차 성징을 경험하거나 뚱뚱한 아이들은 잠재적 환자가 되어 보호자의 손을 잡고 병원으로 간다. '성'과 '나이'를 연결지어 발달 단계별 표준이 어디쯤이라는 것을 공표하기만 해도, 표준에 도달하기 위해 개인들이 자발적으로 엄청난 비용을 감당하는 정치경제적 효과가 발생하는 것이다.

미성년자의 성적 권리는 단순히 유보되는 것이 아니라 표준화된 육체에 대한 자기 통치가 가능해질 때까지 적극적으로 관리된다. 그리고 나이에 따른 병리화의 목록은 아마 앞으로 점점 더 늘어날 것이고 점점 더 자본과 결탁될 것이다. 놀랍게도 미성년자 의제강간의 보호 법익은 성적 자기 결정의 자유에 있는 것이 아니라 미성년자의 '건전한 성적 발육'을 방해하지 않는 데 있다.[27] 그러니까 "화장한 외모의 16세 피해자, 성인으로 알았을 것"(〈이데일리〉 2016년 9월 2일자) 이런 기사의 논조는 이미 성적

---

25) 건강보험심사평가원 국민관심질병통계 참조. (http://opendata.hira.or.kr 검색: 2015년 9월 23일)
26) '소아 비만 증가, 성조숙증도 증가', 〈세계일보〉, 2010년 11월 3일.

발육으로 따지면 성인과 동일하므로 의제강간의 보호 법익에 맞지 않다는 전제를 깔고 있다. 단지 기자의 선정적인 보도 태도가 문제인 것만은 아니다. 후술하겠지만, 법원에서 12세 초등학생이 나이를 17세라고 했으며 외모도 그만큼 성숙했다는 가해자의 주장이 받아들여져 무죄 판결이 난 사건도 있다. 이처럼 미성년자 의제강간 연령을 재조정하자는 주장은 나이에 따른 발달단계별 표준에 대한 강박과 함께 놓여 있다. '육체적으로 지나치게 빨리 성숙한 성조숙증 아이'와 성년이 되어도 부모에게서 독립하지 않는 '정신적으로 미성숙한 캥거루족 어른' 사이 어디쯤에 말이다.

10대의 성과 사랑, 규범과 권리의 바깥에서

현재 한국의 법 체계에서 13세에서 18세의 성적 행위 능력에 대한 태도는, 인정할 수도 없고 그렇다고 금지할 수도 없는 곤경에 빠져 매우 위선적으로 구축되어 있다.

미성년자의 성적 권리를 규정하는 법은 이 글에서 주로 다루는 미성년자 의제강간(형법 305조)뿐만 아니라 '혼인 적령' 법 조

---

27) 대부분은 건전한 성적 발육을 보호하는 것을 의제강간의 보호 법익으로 보고 있으나, 일부 소수 의견으로 부녀의 성적 발달에 지장을 초래하지 않아도 본죄가 성립하므로 보호 법익은 성적 결정의 자유에 있다고 보아야 한다는 의견도 있다. 관련해서는 황태정, 〈형법상 승낙에 관한 연구〉, 연세대학교 법학박사학위 청구논문, 미간행, 2006, 244쪽 참조.

항(민법 807조)도 있다. 이 법은 미성년자 자녀를 매매혼으로 내몰거나 재산 상속을 위해 당사자의 의사와 관계없이 조혼을 시키던 악습을 타파하기 위해 생겼다. 형법 305조와 민법 807조, 이 두 법 조항에 따르면 만 13세에서 18세 사이에는 사랑-결혼-임신-출산으로 이어지는 전통적이고 규범적인 방식으로는 가족을 만들 수 없다. 성행위는 가능하지만 결혼은 불가능하기 때문이다. 만 18세 이전에는 혼인 신고를 해도 받아주지 않으며 설령 신고가 되었다고 해도 부모 혹은 친척이 혼인 무효를 청구할 수 있다.

그러나 민법 807조를 어겼을지라도 혼인을 유지할 수 있는 유일한 예외 조항이 있다. 바로 임신을 하면 된다. 이때 임신은 금지된 것에 대한 소망이자 10대들의 성적 행위 능력에 대한 증명이며, 임신을 지키는 것은 금기를 깬 행동이 아니라 금기 자체의 문법("10대들이 무책임한 성관계를 한다"에서 "애를 키우려는 책임감")을 뒤흔드는 일이 된다. 초저출산 사회이지만 10대의 임신은 여전히 환영받지 못한다. 하지만 출산을 감행하고 아이를 키우는 10대 부모들의 이야기는 종종 출산을 회피하려는 기성 세대를 꾸짖는 목소리로 돌아오기도 한다. 흥미롭지 않은가. 이렇게 10대의 임신은 10대의 성적 행위 능력을 인정할 수도 인정하지 않을 수도 없는 윤리적, 법적 곤경을 동시에 폭로한다. 10대의 임신은 당사자와 보호자 모두에게 대부분 악몽이 되는 현실이지만, 당연히 죄는 아니다. 10대들에게 "섹스하지 말라"고 충고는 할 수 있지만 임신한 10대에게 낙태를 강요하는 것은 불법이다. 하지만 임신한 10대들은 사회에 수용되기 위해 불법을 자행한다. 즉, 학교에서 추방당하고 집에서 쫓겨나지 않기 위해서 낙태를 한다. 한편 출산과 양육을 하기로 결정한 10대 부모들은 법을 지켰으나 법의 예외 상태에서 유예적 권리를 획득한다. 10대의 임신은 성적 시민권을 연령에 따라 구성해 온 모든 근대적 제도(학교, 가족, 결혼, 직업, 군대 등)의 '내파'를 만들어낸다.[28]

애초에 미성년자 의제강간죄는 성인 남성이 미성년 여성들을 혼인도 하지 않고 성적으로 착취하는 것을 금지하는 법이었다. 성인 남성이 미성년 여성과 가족들 앞에서 책임지겠다며 혼인을 약속하면 사법적 강제력은 유예되거나 취소되기도 했다. 여교사가 남중생과의 관계에서 만약에 임신을 했다고 치자. 이때 여교사가 "책임지겠다며 결혼하자"는 말을 하는 것이 가능할까? 아마 '미쳤다'는 말을 들을 것이다. 한국 사회에서는 성인 남성을 제외한 모든 사람은 스스로 내린 결정에 책임을 질 수 있는 가능성이 봉쇄되어 있다. 이 말은 성행위에 대한 자기 결정 능력은 2차 성징, 호르몬, 성기의 모양과 기능의 문제가 아니라, 성행위의 결과, 즉 임신과 출산을 '책임'질 수 있는 사회적 권리와 경제적 능력이 있는가에 달려 있다는 의미이다. 10대의 임신을 곧 무

---

28) 관련해서는 서정애, '10대의 로맨스, 임신에 대한 그녀들의 선택', 《10대의 섹스, 유쾌한 섹슈얼리티》, 127~140쪽 참조.

책임한 행위로 비난하는 이유는 10대의 섹슈얼리티를 부정해서라기보다는 10대가 경제적으로 무능하거나 부모의 경제력에 의존할 수밖에 없기 때문이다.

성적 실천은 성적 시민권을 획득해야만 사회적 의미를 지니는데, 성적 시민권이 없는 상태에서 시도된 성적 행동들은 사회적 의미를 얻는 데 실패하고 오직 자기 자신을 파괴하거나 소비하는 행동으로 간주된다. 성인과 미성년자가 서로 사랑해서 성관계를 했다고 주장할 때, 미성년자가 자기 자신을 위해 좋은 판단을 할 수 있는지는 계속해서 의심받는다. 반면 성인의 사랑과 욕망은 이기심으로 비난을 받을지언정 자기 자신을 위한 선택과 결정이었다는 점은 부인되지 않는다.

그렇다면 사랑은 어떤가. 2010년, 35세 여교사는 사랑했다고 강변했다. 2014년, 42세 연예기획사 대표는 연애였다고 주장했다. 2015년, 26세의 남교사는 호감이었다고 말했다.[29) 대상은 모두 15세 중학생이었다. 사랑이라면, 그것은 어떤 사랑이었을까? 앞서 언급한 두 사건(여교사-남중생, 남교사-여중생)에서 성인 당사자들이 (성관계를 한 것은) '사랑이고 호감이었다'고 주장한 반면 미성년자 당사자들은 (사랑하는 선생님이 저 때문에) '처벌받는 걸 원치 않는다'고 말했다. 성인은 '성관계'에 대해 말하고 있고, 미성년자는 '관계' 자체에 대해 말하고 있다. "사랑했으므로 내

---

29) '여고생 제자와 성관계 교사 형사 처벌 불가 논란', 〈한국일보〉, 2015년 7월 28일.

가 원하는 대로 해도 괜찮다"는 게 아니라 "사랑하니까 다치게 하고 싶지 않다"는 마음을 가진 쪽은 성인이 아니라 15세 아이들이었다. 미성숙의 죄를 묻는다면 15세 아이들이 아니라 어른들에게 묻는 것이 맞을 것이다.

'빨간 마후라' 사건이 남긴 것

그렇다면 미성년자끼리의 성관계는 어떨까. 미성년자 의제강간 연령을 둘러싼 찬반 의견 중 그 누구도 미성년자들이 상호 동의하여 성관계를 한 경우를 두고 처벌해야 한다는 사람은 없다. 하지만 실제로 미성년자들이 자기들끼리 성관계를 하면서 동영상으로 찍고, 이것을 성인들이 입수해서 보게 되었다면 어떤 일이 생길까?

1997년 7월 11일 MBC 뉴스는 '10대가 직접 출연해서 만든 음란 비디오'가 중고등학생 사이에서 급속도로 확산되고 있다는 사실을 보도했다. 소위 '빨간마후라 비디오'라고 알려진 사건의 시작이었다. 비디오에 출연한 여중생은 당시 14세였고, 남고생 2명은 17세였다. 핵심 당사자 3명에게 "왜 이런 비디오를 찍었는가?"라고 기자가 질문했고, 대답은 다르게 나왔다. 14세 여중생은 가출 직후 4명에게 강간을 당했고, 그 후로는 누가 어떤 요구를 해도 "별 생각이 없었다"고 진술했고, 17세 남고생들은 단순히 호기심이었을 뿐 비디오를 제작해서 "판매할 의도는 없었다"고 답했다. 자신이 겪었던 강간 피해를 담담하게 진술하면서 강간 이후의 섹슈얼리티에 대해 매우 초연한 태도를 유지하는 14세 여중생은 내가 알고 있던 혹은 상상하고 있던 성폭력 피해자의 전형적 이미지를 완전히 부숴놓았고, 무지하거나 미숙한 무엇으로 10대의 섹슈얼리티를 막연히 생각해 왔던 선입견을 뒤흔들었다.

이분법적인 젠더 전형성의 문법에서 이성애 남성의 섹슈얼리티는 더 많은 경험과 공격적인 태도에 초점이 맞춰 조감되는 반면, 이성애 여성의 섹슈얼리티는 무지와 취약함이 매력으로 부각된다. 그런데 이 세 명의 태도와 진술은 이러한 전형성을 벗어나 있었다. 17세 두 남고생들은 자신의 (성에 대한 무지에 기반한) '순수한 호기심'을 강조했고, 14세 여중생은 (왜 찍었냐는 질문에 "그냥요. 찍자고 하니까."라고 답하며 성이 아무것도 아니라는 듯한) '경험'적 진실을 드러냈다. 이 사건은 피해자나 약자로서만 10대 여성의 섹슈얼리티를 해석할 수 없다는 움직일 수 없는 증거였다.

'빨간 마후라 사건'은 여러 차원에서 한국의 교육과 복지 제도의 문제를 드러냈다. 빈민 지역 청소년들의 방과 후 교육 공백 문제, 비디오테이프 판매상으로 둔갑한 학내 폭력 조직의 문제, 가출한 10대 여성의 성폭력 피해 문제 등 이 사건을 사회 문제로 번역하는 과정에서 필요한 이야기는 수없이 많다. 그러나 이 사건은 오히려 당시 문화계의 거센 반발에 부딪혀 있던 청소년보호법의 실효성을 환기하는 일등 공신으로 사용되었다. ("청소년들끼리 음란 비디오를 찍어 유포하다니! 이러니까 청소년보호법이 있어야 해!") 1997년 7월 1일부터 발효된 청소년보호법은 후에 '빨간 마후라 법'이라고 불리기도 했는데, 청소년에게 술·담배 판매를 금지하고 음란물에 접근할 수 없도록 규제하는 등 청소년들에 대한 규율을 강화하는 데 초점을 맞춘 법이다. 이때 많은 동성애 커뮤니티가 문을 닫거나 청소년과 교류가 끊겼고, 만화 작가들은 절필 선언을 했고, 음란물은 그 자체로 성폭력으로 이해되기 시작했다.

2015년 현재 아동청소년보호법으로는 이런 동영상을 본 것만으로 성인들이 처벌받는다. 그러나 20년 전, 청소년보호법이 막 만들어졌던 1997년에는 달랐다. 성인들은 아무도 처벌받지 않았고 동영상을 찍은 아이들은 소년법상 보호 처분을 받았다. 청소년보호법은 누구로부터 무엇을 보호한다는 것이었을까. 빨간 마후라 비디오 사건은 강동구 일대의 '일진' 고등학생들에 의해 판매되고 있던 음란 동영상을 입수한 기자들이 '기획'하고, 경찰이 '공조'하여 세상에 드러난 사건이다. 이게 다 우연이었을까? 청소년은 보호되었을까? 참고로 빨간 마후라 사건의 당사자는 어디에서도 보호받지 못했다. 14세 여중생은 2년간 보호 관찰 대상으로 소년원에서 지내다가 당시 애인이었던 남고생의 부모 집에서 노동 착취에 가까운 민며느리 생활을 견디다 못해 숙식을 제공해준다는 광고를 보고 유흥업소로 갔다. 이는 2000년 유흥업소 일제 단속에 우연히 붙잡혀서 알려진 사실이다.[30]

미성년자 의제강간법을 둘러싼 오해

사람들은 의제강간법이 특정 연령까지의 아동을 더 강력하게 보호하는 법이라고 생각한다. 하지만 실상은 그렇지 않다. 나이가 기준인 것처럼 말하지만 결국 핵심은 해석의 문제다. 한국은 전 세계에서 가장 낮은 수준의 연령 제한을 두었을 뿐만 아니라 행위자가 피해자가 13세 미만임을 몰랐거나 피해자가 나이를 속였다고 주장하면 처벌을 면한다.[31] 2011년 수원지법 형사11부 재판부는 12세 초등생을 성인 남성 3명이 협동하여 강간했는데도 해석의 문제 때문에 무죄 판결을 내렸다.[32] 피해자가 사건 이후 다시 모텔로 돌아가 가해자들에게 택시비를 빌렸으며 행위 도중 신음 소리를 내는 등 동의에 준하는 의사 표현을 했다는 이유다. 참고로 13세 미만에 대한 윤간 사건이 무죄 판결이 나오는 경우는 세계적으로도 역사적으로도 유례를 찾기 어렵다.[33] 동의 혹은 인지 여부 등을 묻지도 따지지도 않고 처벌한다는 원칙이 적용되지 않은 것이다.

의제강간의 적용 범위는 미성년자가 성인과 자발적으로 사랑

---

30) "'빨간 마후라' 여주인공 접대부로 전락", 〈한국경제신문〉, 2000년 5월 19일.
31) 참고로 영국에서는 13세 미만과 성관계를 한 성인의 경우, 설령 나이를 인지하지 못했거나 당사자가 적극적으로 속였을지라도 예외 없이 처벌을 받게 되어 있다. 정은경, '의제강간죄 연령 상향의 타당성에 대한 연구', 〈형사정책연구〉, 제27권 제2호, 2016, 17쪽 참고.
32) 수원지법 제11형사부 판결 2010고합61.

에 빠져 연애를 하고 있을 때 법적 보호자(대부분 부모)가 고소를 하는 경우에서부터, 위력을 증명하기 어려운 상태에서 성관계만을 증거로 삼아야 하는 경우에 이르기까지 다양하다. 하지만 강간보다 형량이 낮다.

'아동·청소년의성보호에관한법률'(법률 제12361호)에서는 강간죄의 성립 요건에 폭행이나 협박에 위력과 위계를 추가하여 규정하고 있다. 즉, 피해자의 자유 의사를 제압하기에 충분한 행위자의 사회적·경제적·정치적인 지위나 권세를 이용한 행위를 폭행이나 협박과 동일한 강제적인 행위로 간주한다. 위력이 인정된다면 의제강간으로 기소하는 것보다 강간 혹은 특수강간으로 기소하는 것이 더 높은 형량을 선고받게 할 수 있다.[34] 이 때문에 검찰이 의제강간으로 기소했다고 도리어 피해 아동의 부모로부터 항의를 받는 경우도 있다.[35] 아동·청소년을 보육 및 교육, 보호 감호, 의료 행위, 직업적 필요 때문에 만나는 성인들이

---

33) 1962년에 27세 김 씨가 12세 소녀에게 1,250환짜리 학습장을 사주고 읍내의 하숙집으로 유인하여 난행을 하여 구속되었다.(〈동아일보〉, 1962년 3월 28일) 조선 시대에는 12세 이하의 여아를 강간하면 엄벌에 처했다. 태조 7년(1398년) 윤5월 잉읍금(芿邑金)이 11세 여아를 강간했다가 교형(絞刑)을 당했고, 세종 17년(1435)에는 사노비가 강원도 철원에서 11세 된 여아를 강간했다가 사형당했다.(이덕일, '조선의 성범죄 처벌', 〈한국일보〉, 2014년 11월 28일)
34) 2012년 개정된 대법원 양형 기준에 따르면 폭행과 협박이 동반된 13세 미만 미성년자 성폭행은 징역 7~10년, 단순 성폭행(의제강간)은 2~4년이다.(〈아동·장애인 성범죄 양형의 개선 방안에 관한 공개 토론회 결과 보고서〉, 2011년 11월 29일, 양형위원회, 82~83쪽.)
35) '12세 여아 성폭행에 검찰 구형 달랑 징역 3년?', 〈노컷뉴스〉, 2014년 10월 2일.

아동·청소년에게 성적으로 접근한 행위를 모두 우월적 지위를 남용한 행위라고 인정한다면 굳이 미성년자 의제강간법을 적용할 필요가 없다.

문제는 욕구가 아니라 욕구의 실행을 가능하게 하는 권력이다. 폭행, 협박, 위력, 위계는 우리 사회가 권력의 불법적 사용 목록으로 합의해 온 것들이다. 개인 사이의 동등한 관계를 방해하는 각종 사회적 위계를 제거할 때, 우리는 '자유'로운 관계를 맺을 수 있다. 욕구의 완전한 충족을 행복이라고 믿는 유아론적 세계에서 타인의 타자성을 수용하는 문명적 '자유'의 세계로의 이동 말이다. 여기에서 욕구에 대한 금지는 가해자의 자유만 제한하는 것이 아니라 모두의 자유를 제한한다. '보호'는 가해자의 권력을 제한하고 피해 당사자의 자유를 보장하는 것을 통해서만 성취될 수 있다. 하지만 법 실무에서 '위력' 행위에 대한 해석은 재판부의 의지와 상식에 따라 달라지곤 한다. 만약 국가가 이러한 재판부의 임의적 해석에 의지하지 않고 미성년자의 자유권을 후견적 지위에서 강력하게 보장하고자 한다면, 미성년자 의제강간법은 여전히 중요한 수단이 될 수 있다.

반면, 미성년자의 성적 능력과 육체적 성숙도에 초점을 맞춰 생각하게 되면 소위 "중학생과 사랑한 어른, 처벌해야 할까요?"[36] 같은 질문이 만들어진다. 이 질문은 미성년자 의제강간

---

36) '중학생과 사랑한 어른, 처벌해야 할까요?', 〈한겨레〉, 2014년 8월 6일.

연령 상향에 대한 논의를 성인과 미성년자의 금지된 사랑을 이해하지 못하는 문제로 전제하면서, 성숙한 사랑을 꿈꾸는 미성년자의 성적 자기 결정권에 국가가 부당하게 개입하는 것이 아닌지를 의심하도록 유도한다. 미성년자를 보호, 감독, 교육하는 업무를 맡고 있던 교사라는 사실, 혹은 진로와 관련된 기회를 제공한다고 약속한 사장의 지위에 있었다는 사실은 오히려 주목받지 못했다.

미성년자에게 관심을 집중할수록 미성년자의 섹슈얼리티는 더욱 매력적인 것이 된다. 미성년자가 성적인 것에 관심을 보이고 성적 호기심과 모험을 하는 행위 자체를 '오염'되는 것으로 보고, '면역력이 저하된다'는 식으로 이해하는 것은 기본적으로 성 자체를 매우 위험하고 나쁜 것이라고 보는 인식에 기반을 둔다. 이 인식의 옳고 그름을 논하기 전에, 이러한 인식은 매우 비현실적이다. '단톡방 성희롱과 포르노가 가득 찬 시대, 성교육의 해답은 이것'(《경향신문》, 2016년 8월 20일)이라는 기사는 요즘 학생들 사이의 성 인식이 어느 정도인지를 알려준다. 교사도 전문가들도 입을 모아 중학생들 사이에 이제 "성에 대해 터부시하는 문화는 거의 없고, 청소년 커뮤니티에서도 섹스를 공개적으로 입에 올리는 것을 부끄러워하는 시대는 지나갔다."고 진단하고 있다. "청소년들은 이제 74(질내사정), 24(구강사정) 이런 말을 일상적으로 할 정도"로 성과 관련된 정보에 일상적으로 노출되어 있다.[37]

하지만 미성년자들이 스스로 자신이 알고 있는 성에 대한 지식을 드러내고 토론하게 하지 못하는 문화 속에서 미성년자의 섹슈얼리티는 불가해하고 순수한 것으로, 오염되지 않은 어떤 순백의 것으로 상상된다. 그리고 어떤 성인들은 이러한 이미지 안에 정박된 미성년자에 대한 성적 매혹과 긴장을 꾹꾹 눌러 담을 것이다. 누가 뭐래도, 한국의 미성년자 아이돌들은 자신의 성적 매력을 가장 잘 어필하면서도 연애를 금지당한 존재로 성인들의 눈앞에 등장한다. 이들에 대한 성적 욕망을 거리낌 없이 드러내는 것이 그들의 또래 팬인 것은 어쩌면 당연한 일일 것이다. 하지만 이 모든 이야기들은 어디에서도 공적으로 말해지지 않는다.

성적 자기 결정권은 섹스할 권리가 아니다

정리하자면 이 글의 논지는 다음과 같다. 미성년자 의제강간의 보호 법익은 청소년의 '건전한 성적 발육'이 아니라 청소년의 '성적 자기 결정권'이어야 한다. 이때 성적 자기 결정권의 개념을 '섹스 할 권리'로만 이해하면 곤란하다. 성교로서의 섹스는 나의 욕망과 쾌락, 고통과만 관계된 것이 아니라 반드시 타인이 관여되어 있다. 버틀러의 주장대로, 우리는 "우리의 쾌락과 고통과

---

37) '단톡방 성희롱과 포르노가 가득 찬 시대, 성교육의 해답은 이것', 〈경향신문〉, 2016년 8월 20일.

관련하여 언제나 상호의존적으로 존재하며 이것이 인간 취약성의 근본"이다.[38] 성적 자기 결정권은 성적 주체화(subjectivation) 과정을 경험할 권리, 즉 구체적 관계성 안에서 자신의 몸을 사회적 몸(social body)으로 구성해 나갈 권리이다. 미성년자들이 박탈당한 것은 섹스 할 권리가 아니라 섹스라는 행위를 결정하고 책임질 수 있는 권리, 즉 성적 주체가 될 권리를 박탈당한 것이다.

만 13세에서 16세 사이의 미성년자들은 육체적인 성숙 정도, 2차 성징과 호르몬, 성 욕구 등 우리가 알고 있는 관습적인 의미의 '성적인 것'을 정의하는 관점에서는 명백히 성적인 존재들이다. 그러나 생식기의 발달과 2차 성징의 발현 등은 성적 주체가 될 수 있는 극히 부분적인 조건일 뿐이다. 문제의 핵심은 성적 권리는 다른 경제적·사회적·정치적 권리와 동떨어져 존재하지 않는다는 데 있다. 성관계에 동의할 수 있는 능력은 단순히 의사 표현의 능력이 아니라 성행위의 과정과 결과에 대한 책임을 질 수 있느냐의 문제이기 때문이다. 성과 관련된 권리는 혼인 가능 연령, 직업 결정권, 투표권 등의 권리와 밀접하게 연결된다. 주요 국가의 선거권은 대부분 18세이다. 세계 190개국 중 147개국이 18세이고, 오스트리아를 비롯한 6개국이 16세, 북한을 포함한 4개국이 17세로 대부분의 국가에서 16~18세를 선거 연령 하

---

38) 주디스 버틀러·아테나 아타나시오우, 《박탈 : 정치적인 것에 있어서의 수행성에 관한 대화》, 김응산 옮김, 자음과모음, 2016, 23쪽.

한선으로 잡고 있다. 한국의 선거 연령은 19세, OECD 국가 중 유일하게 18세가 선거에 참여할 수 없다. 참고로 미성년자 의제 강간 연령 제한이 13세로 한국과 동일한 일본과 아르헨티나는 선거권 연령을 기존 20세, 18세에서 각각 18세, 16세로 두 살씩 낮췄다.[39] 선거 연령과 의제강간 연령 기준 사이의 격차는 현재 한국이 가장 크다. 다시 말해, 한국의 청소년들은 정치경제적 권리에서 가장 배제되어 있으면서도, 남성 중심의 결혼 제도 바깥의 성행위에서만 법적 권리를 행사할 수 있다. 청소년들에게 흡연과 섹스가 어른의 세계에 들어가는 비밀의 열쇠처럼 여겨지는 이유는 그 행위 자체가 어떤 권리를 보장하기 때문이 아니다. 그것이 단지 금지되어 있기 때문이다.

현행법에서 투표권은 만 19세 이상부터 주어진다. 아르바이트 조차 만 15세가 되어야 할 수 있으며, 18세 미만의 경우 정식으로 취업을 하려면 부모 혹은 후견인의 동의서를 제출해야 한다. 투표권의 경우 일본에서는 2015년부터 만 18세로 확대했고, 오스트리아와 쿠바에서는 선거권을 16세부터 보장하고 있으며, 남미와 유럽의 일부 국가들에서는 최소한 자신이 살고 있는 지역에 대한 정책 결정에 참여를 보장하기 위해 지방선거 투표 가능 연령을 만 16세로 확대하고 있다.[40]

---

39) 〈각국의 선거 제도 비교 연구〉, 중앙선거관리위원회, 2015년, 93, 98쪽.

아무런 권리가 주어져 있지 않은 상태에서 오직 성에 대해서만 동의 여부를 만 13세 이상부터 결정할 수 있다는 건 무엇을 의미하는가. 정책 결정 과정에 참여하고 공동체의 구성원이 될 수 있는 자격이 주어져 있지 않은 상태에서 과연 성관계를 결정하고 책임질 수 있는 가능성이 있을까? 부모 혹은 성인에 대한 경제적 의존이야말로 성적 자기 결정에 유해한 조건이다. 그러므로 미성년자의 자유권을 제한하는 방식이 아니라 보장할 수 있게 하려면 이 문제를 청소년의 신체적·정신적 '건전한' 발달 과정의 문제라는 발상부터 버려야 한다. 오히려 더 효과적이고 현실적인 성교육을 받을 권리, 미성년자의 안녕과 복지를 위해 더 좋은 교육 환경과 정치 제도를 요구할 권리, 생활 임금이 가능한 최저 임금을 받을 권리 등이 미성년자의 성적 자기 결정권을 가능하게 만드는 조건이다. 의제강간 연령 상향 여부에 대한 토론이 종종 '요즘 애들'의 성적 발육에 대한 (굉장히 소아성애적인 욕망처럼 들리는) 사례들로 빠지거나, 과거의 뿌리 깊은 악습인 조혼을 미성년자의 성을 존중한 사례로 잘못 이해하는 곤경에 빠지는 이유는 성을 다른 사회적 관계로부터 독립적이고 자율적인 변수로 생각하기 때문이다.

청소년들에게 성적 자기 결정권, 투표권, 혼인 가능 연령, 직

---

40) 만 16세 투표권 관련 논의는, 허승규·김은희, '녹색당 2016 정책 대회 미간행 자료집', 97쪽 참조.

업 선택의 자유 등이 주어진다면 게일 루빈의 말처럼 더는 섹스는 그렇게 대단한 것이 되지 않을 것이다.[41] 그렇게 될 때 의제강간 문제는 이제 섹스에 대한 문제가 아니라 권력에 대한 문제로 비로소 방향을 잡아 갈 수 있다. 선거 연령을 낮추고 최저 임금을 시행하고 의제강간 연령을 상향하는 식의 조정을 상상해보자. 나는 이것을 세 번째 쟁점 전환이라고 부르고 싶다. 미성년자 의제강간법을 젠더와 나이 변수가 교차적으로 고려되고 권력의 재배치를 통해 더 나은 삶을 가능하게 만드는 공적 개입의 계기로 사유하는 것 말이다.

41) 게일 루빈, 《일탈》, 신혜수·임옥희·조혜영·허윤 옮김, 현실문화, 2015, 88쪽.

그들이 유일하게
이해하는 말,
메갈리아 미러링

– 포스트 여성 주체의 탄생에 부쳐

류진희 | 페미니스트 연구자. 식민/제국의 교차로에 펼쳐졌
던 해방기 여성 서사를 갈무리하는 박사 논문을 썼다. 매
체/장르/담론을 횡단하는 여성들의 목소리에 관심이 있다.
공저로 《성의 정치 성의 권리》, 《젠더와 번역》, 《소녀들》
(근간)이 있고, 최근 글로는 〈무기 없는 민족의 여성이라
는 거울〉(2015. 가을), 〈촛불소녀에서 메갈리안까지, 2000
년대 여성혐오와 인종화를 둘러싸고〉(2015. 11.), 〈금기를
넘어서는 여성들의 패러디〉(2016. 9.) 등이 있다. 성균관
대에서 한국학 연계 전공 강의를 맡았었고, 대만 국립정
치대에서 한국 역사와 문화 과목을 가르쳤다.

메갈리아를 둘러싼 지형

이제 메갈리아(Megalia)를 모르는 이가 있을까. 이 말은 2015년 메르스 감염 사태에서 처음 생겨나 그해 연말 온라인 10대 신조어로 꼽혔다. 그리고 2016년 여름, 넥슨 성우 교체 사건을 지나며 전 사회적으로 뜨거운 감자가 됐다. 이 현상의 주체인 메갈리안(Megalian)은 여성 혐오 발화의 주체가 남자든 여자든 상관없이, 여성 혐오(misogyny)를 혐오하는 '여혐혐'을 수행한다고 했다. 여성 대상 혐오 발화를 그대로 되비추는 '미러링(mirroring)'이 무엇인지, 과연 폭력에 폭력으로 맞설 수 있는지도 질문됐다. "우리가 폭력을 쓰는 이유는, 그것이 그들이 유일하게 이해하는 말이기 때문이다.", 마침 개봉했던 영화 〈서프러제트〉에서 한 세기 전 영국 여성참정권론자가 했던 대사가 오늘의 한국 메갈리아를 변호하듯 회자됐다. 이 글은 메갈리아를 돌발적인 현상으로 보지 않고, 2000년대 이후 여성 주체의 계보에서 이해하려고 한다. 그리고 미러링을 온·오프라인을 넘나드는 새로운 문화 역량으로 살펴볼 것이다. 결론적으로 이 글은 메갈리아 이후 포스트 여성 주체가 어떤 존재인지, 그리고 '메갈-이후'로 어떻게 나아갈지 가늠해보면서 마무리될 것이다.

먼저 2015년과 2016년, 메갈리아가 탄생했던 몇몇 지형을 훑으면서 시작해보자. 메갈리아라는 단어는 2015년 5월 중증급성호흡기증후군 메르스(MERS-CoV) 정국에서 성별 역전 콘셉트 소설 《이갈리아의 딸들》(1975년)에 빗대어 만들어졌다. 홍콩을 방문한 한국 여성 두 명이 메르스 격리 검진을 거부했다는 낭설이 일었고, 곧 "한국 여자 개념 없다"고 조롱하는 혐오 발화가 흘러넘쳤다. 이에 대항해 한국 여성의 '종특(種特)'이라는, 그야말로 인종화된 혐오 표현인 '김치녀'를 성별만 그대로 바꾼 '김치남'이 등장한 것이다. 그러나 메르스 관련 정보를 나누기 위해 만들어졌던 메르스 갤러리에서 삭제된 것은 원본(김치녀)이 아니라 그 패러디인 김치남이었다. 여기에 전례 없는 인증, 즉 댓글을 쓰려면 로그인까지 하라는 제한까지 더해져 여성 유저들의 불만이 폭발했다. 한국 온라인 게시판 문화가 시작됐다던, 익명을 기반으로 하며 어떤 표현이든 자유롭다는 '디시인사이드'에서 일어난 일이었다. 그 결과, 김치남이라는 금칙어 검열을 피하기 위해 비하의 접두사를 더한 '씹치남'이 생겼다. 그리고 자기 자식밖에 모르는 여성이라는 '맘충(Mom蟲)'에 맞먹는, 벌레 같은 한국 남성이라는 '한남충(韓男蟲)'까지 연결됐던 것이다.

이때부터 동족 남성을 비하한다는 볼멘소리도 나오기 시작했다. 메갈리안이 벌였던 난장은 그저 억눌린 여성들의 '한풀이', 며칠간 벌어지는 축제일 수도 있었다. 누구도 예상치 못했던 '머리 풀고 달리는' 전투적 여성은 어떤 발화는 유희가 되고, 어떤 발화는 금지되는 비대칭적 상황 때문에 나왔다. 그래서 '페미니즘 영화'로 지목된 〈매드 맥스-분노의 도로〉(2015년)에서 여전사 '퓨리오사' 일행이 '어머니의 녹색 땅'을 찾듯, 곧 그들만이 모이는 '메갈리아(www.megalian.com)' 사이트가 열렸던 것이다. 그리고 다시 영화 속 여성들이 유토피아를 찾아 헤매기를 단념하고 자신을 착취했던 바로 그 땅을 해방하기로 결심했듯, 이들 역시 거울 속에서 벗어나 문화와 매체, 그리고 정치와 운동 속에서 숨 가쁘게 터져 나오는 젠더 이슈에 대응하기 시작했다.

그렇기에 메갈리아라는 현상보다 더 중요한 것은 그에 촉발된 여성들이 최근 1, 2년 동안 해 왔던 직접 행동일 것이다. 돌이켜 보면 메갈리아가 태동한 시기는, '세월호 사건'(2014년 4월 16일) 이후로 국가가 책임져야 할 기본적 안전을 기대할 수 없던 때이기도 했다. 한편으로 여성들은 심각해져 가는 젠더 폭력의 징후가 애써 부정되고 그에 대한 근본적인 대책 마련도 미흡한 현실에 거듭 분노해야 했다. 통계청이 발표한 〈통계로 보는 여성의 삶 2013·2014년〉에 따르면, 한국에서 일어나는 강력 범죄의 피해자 대다수, 즉 10명 중 8, 9명이 여성이다. 그리고 대검찰청 통계 자료 〈2015년 범죄 분석〉은 성폭력 범죄가 지난 10년간

형법 범죄가 증가하는 주원인이라고 분석했다. 또한 한국여성의 전화 통계 자료 〈2015년 친밀한 관계에 있는 남성에게 살해당한 여성〉은 배우자와 연인 등 가까운 사이에서 거의 이틀에 한 명 꼴로 여성이 죽거나, 죽을 만큼 다친다고 밝혔다. 그런데도 남성 잡지 〈맥심〉(2015년 9월호)이 차 트렁크 안 꽁꽁 묶인 여성 다리를 보며 담배를 피우고 있는 '나쁜 남자'를 표지에 내세웠고, 곧 여성 대상 범죄를 포르노화하지 말라는 항의가 대대적으로 일어났다. 아니나 다를까 곧 현실판 '트렁크 시신' 살인 사건이 드러나(2015년 9월 17일) 전국을 떠들썩하게 했다. 사건 피의자는 무고한 여성을 납치·살해·시신 훼손·방화까지 한 동기가 "여성에게 당한 피해 때문"이라고 했다. 이 사건을 계기로 해서 피의자가 저지른 범행 자체가 아니라, '트렁크녀' 등 피해자의 성별을 선정적으로 보도하는 행태에 대해서도 비판 여론이 일어났다.

2016년에는 '소라넷' 문제와 '강남역 여성 살인' 사건이 전 사회를 뒤흔들었다. 해외 서버라서 "절대 없앨 수 없다"던 '소라넷'은 결국 폐쇄됐다.(2016년 6월 6일) 이 사이트는 웬만한 광역시 인구에 버금가는 1백만 회원을 보유한 맹위를 떨치며 '몰카', 즉 몰래 찍은 인권 침해 사진과 강간 모의 범죄 동영상들을 유통했다. 서울 서초구 소재 노래방 공용 화장실 여성 살해 사건(2016년 5월 17일)은 피의자가 "여성들이 나를 무시해서"라고 동기를 밝혔는데, 경찰은 그의 정신과 병력을 이유로 삼아 '묻지마 살인'이라고 명명했다. 그러나 이 사건은 곧 '강남역 10번 출구'를 뒤덮은 '포스트잇' 추모 시위를 통해 '여자라서 죽었다'는 페미사이드(femicide)로 재의미화되었다. 이 사건 이후 여성들은 집단적으로 온·오프라인 모두에서 활약하기 시작했다. 이슈화를 위해 이들이 감행하는 집단 활동, 즉 '화력 지원'에 힘입어 곳곳의 젠더 이슈들이 긴급한 현안으로 떠올랐다.

그리고 2016년 7월, 개인 SNS에 올린 '한 장의 티셔츠' 인증 사진으로 넥슨 성우 교체 사건이 터진다. 게임 업체 넥슨이 출시한 '클로저스'에서 티나 캐릭터의 목소리를 연기한 여성이 "소녀는 왕자가 필요 없다(Girls Do Not Need A Prince)"라는 문구가 프린트된 상의를 입고 찍은 사진을 SNS에 올린 것이 모든 일의 시작이었다. 이 티셔츠를 제작한 주체가 페이스북 '메갈리아 4' 페이지라는 남성들의 항의가 빗발치자 넥슨은 업무 상관성도 없이 다음 날 해당 성우의 계약을 해지했다. 개인의 사상 혹은 정치적 입장에 대한 그 어떤 탄압도 불허하는 포괄적 차별 금지법이 명문화됐다면 애초에 벌어질 수 없는 일이었다. 그러나 넥슨 성우 교체 사건은 여성의 노동권보다 메갈리아에 대한 찬반을 중심으로만 논의됐다. 메르스 갤러리에서 메갈리아가 만들어진 후, 지금까지 약 1천여 건이 훌쩍 넘는 언론 기사가 나왔다. 관련 기사 중 거의 절반 이상이 넥슨 성우 교체 사건 후 한두 달 남짓하는 기간에 쏟아져 나온 것이었다. 반대자들은 메갈리아가 보이는 호전성을 들어 '남성 혐오' 세력이라고 규탄했고, 지지자들은 넥슨 보이콧 집회에서 외쳤듯 "목소리를 지워도 페미니즘은 사라지지 않는다.'고 공표했다. 정희진은 메갈리안들이 기본적으로 국가 체제와 좌우 남성들이 강하게 결속한 국면에서 고군분투한다고 했다. 그리고 권김현영은 '정치적 올바름'이 유독 이들을 향해서만 절대적 잣대로 내세워지고 있다고 지적했다.[1]

현재 전 지구적으로 신자유주의가 확산되면서 우익 포퓰리즘이 확산되고 있다. 자신을 실패한 다수라 여기며 배타적인 가치관을 제도에 반영하라는 보통 사람들이 늘어나고 있다. 2000년대 이후 한국 역시 '김대중-노무현' 정권이 결국 신자유주의가 강화되는 방향으로 귀결되면서, 양극화가 심화되고 청년 실업률은 10%를 훌쩍 넘겨버렸다. 그리고 이에 대한 젊은 남성들의 불만이 그 시기 가장 가시적으로 제도화됐던 여성계에 대한 반감으로 이어진 것으로 보인다. 의미심장하게 양성평등연대(구 남성연대)는 노무현 정부가 마감되는 2008년에, 2001년 김대중 정부 때 신설된 여성부(현 여성가족부) 폐지를 내세우며 발족했다. 여성이 무한 경쟁 시대에 경쟁 상대로 눈에 들어오니, 그들을 향한 배려가 아니라 적대가 불러일으켜졌다.[2] 그리하여 메갈리아 정국에서 '남성을 적으로 삼는 극단적 페미니즘'에 반대한다며, "대한민국의 남녀 갈등을 조장하는 모든 혐오 발화를 중지

---

1) 정희진, '메갈리아는 일베에 조직적으로 대응한 유일한 당사자', 〈한겨레〉, 2016년 7월 30일; 권김현영, '메갈리아의 거울에 비춘 세상', 〈르몽드 디플로마티크〉 97호, 2016년 10월.

하자."는 주장이 나온 것이다. 메갈리안들은 가장 낯선 존재였다. 그러나 이들은 한국 민주주의의 새로운 가능성으로 찬탄받던 '촛불소녀'들이기도 했다. 그렇기 때문에 당대 20·30대 여성을 돌발적이 아니라 연속적으로 이해해야 한다. 그러기 위해서는 '한 장의 티셔츠'를 넘어, 그들의 정치적 등장에 대해 거칠게나마 되짚어볼 필요가 있다.

이천 년대 여성들 : 촛불소녀, 배운녀자, 메갈리안

소녀부터 여대생, 그리고 직장 여성과 젊은 엄마까지, 2000년대 이후 젊은 여성 대중이 도드라지게 보이기 시작했다. 2002년 미군 장갑차에 의한 여중생 미선·효순 압살 사건과 2004년 노무현 탄핵 소추 정국을 거치며 촛불 집회가 유력한 대중 저항의 유형이 됐다. 그리고 2008년 이명박 정권 출범 직후에 벌어진 미국산 쇠고기 수입 재개 반대 시위에서 드디어 '촛불소녀'가 나타났다. 아무도 예상치 못했던 촛불을 든 소녀들의 집단적 출현 배경에는 대중문화의 폭발적 성장이 있었다. 이 여중고생들은 팬 문화를 중심으로 일사불란하게 움직이던 '빠순이'들이기

---

2) 여성 혐오가 분출되는 이유는 신자유주의적 경쟁이 심화하면서 드러난 남성의 패배 의식에 근거한다. 그러나 '남한' 남성성은 탈식민 군사주의와 권위주의적 개발주의에 기인하고 있기도 하다. 이와 관련해서는 류진희, "'무기 없는 민족'의 여성이라는 거울", 〈문화과학〉 83, 문화과학사, 2015년 가을.

도 했던 것이다. 또한 촛불소녀와 함께 일군의 여대생들 역시 스스로를 '배운녀자'라고 일컬으며 나란히 등장했다. '배운녀자'는 대학 진학률 70% 이상 시대의 존재들로서, 식민지기 신여성에서 그 연원을 찾을 수 있는 지식인으로서 여성을 강조하는 뜻이었다. 2009년 이후 여학생의 대학 진학률이 남학생보다 더 높아졌고, 이 성별 격차는 계속 벌어지고 있다. 여기에 정치와 상관없다고 여겨지던 '유모차 부대'도 거리로 나섰다. 이 여성들은 지역 연고나 정치 단체와 상관없이 온라인 여성 커뮤니티를 정치적 인큐베이터 삼아 모여들었다. 집단적이고도 산발적인, 또 익명적이면서도 주체적인 여성 청년들의 행위성은 민주화 이후 '탈정치' 시대에 등장한 새로운 세대의 성격을 짐작케 했다.[3]

그러나 한편으로 이 젊은 여성들은 누구보다 2000년대 이후 혐오의 직접적 대상이었다. 2012년 대통령 선거가 보수 정권의 연장이라는 결과로 끝나자, 정권 교체 실패가 '20대 여성 투표율 8%' 때문이라는 유언비어가 퍼졌다. 그러나 중앙선거관리위원회 '제18대 대통령선거 투표율 분석'(2012년 12월 19일 시행)에 따르면, 20대 여성의 투표율은 군 복무라는 변수가 있는 20~24세를 제외하고는 모든 연령대의 남성 투표율보다 높았다. 마찬가지로 2016년 '제20대 국회의원 선거 투표율 분석'(2016년 4월 13

---

3) 이와 관련해서는 최영화, "'촛불소녀'와 '배운녀자'가 남긴 과제들", 〈여/성이론〉 19, 여성문화이론연구소, 2008년 12월; 김영옥, '여성주의 관점에서 본 촛불 집회와 여성의 정치적 주체성', 〈아시아 여성 연구〉 48권 2호, 아시아여성연구소, 2009년 11월.

일 시행)'에서도 20~29세 여성 투표율이 이전보다 10% 이상 높아져 '여소야대'를 이끈 주요 동력으로 평가됐다. 그럼에도 2014년 초 대학가를 달구었던 '안녕들 하십니까' 정국에서 촛불소녀의 다음 차례로 떠오른 것은 '대자보 청년'이었다. 실명을 내세운 남성 청년들의 목소리는 익명으로 "댁의 김치는 안녕들 하십니까"를 외쳤던 여성들보다 더 주목받았다. 여성들이 여성으로서 겪는 일들을 말할 때는 사회 구조의 핵심이 아니라 전체 문제의 일부분으로 폄하됐다. 그리고 현재 여성 청년들은 마스크와 선글라스까지 착용하고 여성의 이름으로 거리에 나왔다. 혐오 발화에서 나아간 사이버 테러, 그리고 물리적 위협까지 염려되는 2000년대 이후 한국에서 말이다.

동아시아의 한국에서는 메르스에 대한 공포가 여성을 대상으로 하는 혐오 발화로 바뀌거나, '페미나치'라는 말에서 보이듯 페미니즘이 전체주의나 테러리즘과 연결되기도 했다. 2015년 벽두, 프랑스 샤를리에브도 테러 사건 후 얼마 지나지 않아, 고등학생 김 군이 "페미니스트가 싫어서, IS가 좋다."고 한국을 영영 떠났다. 그 상황을 두고 한 평론가는 맥락 없이 "무뇌아적 페미니즘이 IS보다 위험하다."고 내뱉었다. 이 같은 악의적 명명에 온라인에서는 새삼 "#나는 페미니스트다"라는 해시태그 참여가 잇달았다. "페미니스트는 아니지만"이라는 여성들이 취하던 머뭇거림은 넥슨 보이콧 집회에서 울려 퍼진 구호 "하늘에서 페미가 빗발친다."는 아우성이 됐다. 현재 '메갈'은 '페미'의 다른 이름이 되었다.

그런데 이러한 '반동(backlash)'은 남성을 대표 얼굴로 하는 청년론에 어느 정도 내장되어 있다고 봐야 한다. '88만원 세대' 이후 '헬조선'의 청년 문제는 거의 연애·결혼·출산 등 이성애 가족을 중심으로 하는 인구 재생산론에 근거하여 제시됐다. 현재 저출산 담론은 인구 통계 그래프가 급격하게 하락하는 '인구 절벽'을 내세운 국가 위기로만 해석된다. 이 문제에 대한 해결 역시 여성의 출산을 지원하는 측면에서 제시되고 있다. 초음파를 활용한 태아 성 감별 등 재생산을 통제하는 데 과학 기술이 활용된 후, 동아시아에서는 특유의 남아 선호에 따른 선택적 여아 낙태가 횡행했다. '2015년 인구 총조사' 연령 및 성별 인구에 따르면, 한국 역시 20대 구간에서 100명 여성에 110~115명 정도 남성이 대응되는 남초 현상이 현저하다. 이런 상황이라면 이성애 중심 사회에서 어떤 남성은 여성을 차지할 수 없어 정식 남성 연대에 낄 수 없게 된다.[4] 자신의 남성성이 훼손되었다고 느낀 일부 남성들은, 출산을 거부하며 사회적 자아 성취에 몰두하는 여성을 가장 큰 적으로 지목한다. 이 때문에 학교에서는 '알파걸'들에 치이고, 직장에서는 '골드미스'에 밟힌다 운운하면서 남성들이 '역차별'을 당한다고 진지하게 주장할 수 있었던 것이

---

4) 여성 거래에서 여성은 교환 파트너가 아니라 관계의 연결 통로로 존재할 뿐이다. 게일 루빈, '여성 거래: 성의 '정치경제'에 관한 노트', 《일탈》, 신혜수·임옥희·조혜영·허윤 옮김, 현실문화, 2015.

다. 세계경제포럼(WEF) 성평등지수에서 145개국 중 115위이고, OECD 회원국 29개국에서 유리천장 지수가 4년째 최하위, 남녀 임금 격차는 15년간 줄곧 1위라는 처참한 객관적 수치는 제대로 언급되지도 않는다.

앞에서 살펴본 넥슨 성우 교체 사건에서 있었던 에피소드가 떠오른다. '노동의 희망 시민의 꿈'을 내건 정의당 내 문화예술위원회가 "정치적 의견이 직업 활동을 가로막는 이유가 되어서는 안 된다."는 논평을 냈다.(2016년 7월 20일) 그런데 핍박받는 빈곤 남성 청년을 적대시한다는 이유로, 일군의 남성 당원들이 극렬히 항의하여 논평이 즉시 철회됐다. 물론 이러한 반응은 메갈리아에 대한 반감 때문이었다. 그러나 이 논란의 저층에는 여성 노동자의 계약 해지는 개인의 부주의와 잘못된 선택에 따른 결과이지, 보편적인 노동 문제는 아니라는 인식이 깔려 있다. 더 나아가 젊은 여성은 청년에 해당되지 않는다는 의식적 배제가 깔려 있다. 여기에 대해서 허윤은 다음과 같이 분석한다. 신자유주의가 심화될수록 자본 없는 '흙수저' 남성 청년들이 경쟁에서 살아남을 수 없다는 박탈감은 훨씬 생생해진다. 그리고 남성의 경제력과 여성의 섹스가 교환되는 구조에서 남성은 애써서 돈을 벌지만, 여성은 성적 존재 그 자체로 이득을 취할 뿐이라고 인식되는 것이다.[5]

사실 "소녀는 왕자가 필요 없다"를 역전시킨 "남자도 공주가 필요 없다(Men Do Not Need A Princess)" 역시 강박적 남성성을 말하는 '맨박스(manbox)'를 탈출하는 기획이 될 수 있었다. 정의당 내 메갈리아 논란이 심화될 무렵, 당원 한 명이 '프린스'를 뒤집은 '프린세스' 문구를 넣은 티셔츠 제작을 제안했던 것이다. 이 기획은 양성 의존과 환상을 버리고 평등하자는 의도라고 했다. 그러나 이제 메갈리안들이 말하는 최종 목표는 '양성평등'이 아니다. 차라리 비혼을 선택하겠다는 '소녀'가 보이는 결기와 단지 '공주'만을 원하지 않는다는 '남자'의 불만은 같지 않다. 결국 핍박받는 남성의 대척에서 가장 나빠 보이는 것은 단지 메갈리아의 위악, 즉 미러링이다.

여혐 vs 남혐? 대항 발화로서 미러링

미러링이 왜 문제인가. 특히 미러링은 피해자로서 여성에게 허락됐던 목소리, 즉 비탄·절규·울음이 아닌 조롱·호통·웃음을 자신의 전략으로 내세운다. 애초에 미러링은 낙인에 겁먹지 않기 위해 고안됐고, 혐오에 대항하기 위한 퍼포먼스로 출발했다. 유민석은 지금까지 끈질긴 조리돌림에 우아한 '무시'나 착한 '항의'로 일관해봤지만, 결국 침묵하게 된 쪽은 여성이라고 했다. 그리고 이러한 폭력에 대해 국가와 사회가 공적 공간에서 책임

---

5) 허윤, '지금 가장 정치적인 것은 여성적인 것이다', 〈말과 활〉 11, 일곱번째숲, 2016년 9월.

있는 조치를 취하지 않을 때, 드디어 여성들이 사적 구제의 측면에서 미러링을 했던 것이다.[6] 여기에 대해 윤지영은 메갈리아가 수행하는 언어 전략이 기본적으로 분노를 기반으로 한다고 했다. 이러한 집단적 요구가 기존 아버지의 법 질서에 파국을 선언하며 사회적 젠더 체제를 심문하고 해체한다는 것이다.[7]

물론 메갈리아 미러링의 층위는 다양하지만, 패러디의 쾌락이 가장 앞선다. 대강 살펴보자면 먼저 여성 혐오 용어를 반전시킨 단어들이 있다. 예를 들어 '삼일한(여성은 3일에 한 번씩 때려야 한다)'에 대응하는 '삼초한(남성은 3초에 한 번씩 때리겠다)'이나 '낙태충(낙태한 여자)'의 반례로 나온 '싸튀충(싸고 튄 남자)'이 그렇다. 또한 언어에 기입된 본질적 섹시즘을 지적하는 기존 언어를 활용한 것도 있다. 이 사례에는 폐경이 아니라 '완경(完經)', 혹은 자궁이 아니라 '포궁(胞宮)' 등이 있다. 그러나 이 글은 성차에 따른 억압과 성 규범에 내재하는 모순을 서사적으로 풀어내는 미러링, 즉 '메갈 문학'에 관심을 둔다. 왜냐하면 이 이야기들은 멀게는 고단한 일상을 해학으로 풀어내는 여성들의 서사 전통에 기대고 있으며, 가까이는 2000년대 이후 대중문화의 발흥과 결합하여 폭발한 온라인 글쓰기를 배경으로 하기 때문이다.

---

6) 유민석, '혐오 발언에 기생하기: 메갈리아의 반란적인 발화', 〈여/성이론〉 33, 여성이론문화연구소, 2015년 겨울.

7) 윤지영, '전복적 반사경으로서의 메갈리안 논쟁: 남성 혐오는 가능한가', 〈한국여성철학〉 24, 한국여성철학회, 2015년 11월.

그렇다면 반전된 이야기가 주는 효과는 무엇일까. 패러디 서사는 권위에 복속하는 듯하지만, 사실은 그에 대한 비판을 바탕으로 하여 새로운 통찰을 얻고자 한다. 특히 단발적인 단어와 표현에서 나아가 이야기를 엮어 갈 때, 다른 이의 글이 원본이 되기도 하고, 자신의 삶이 원형이 되기도 하며, 각종 정전 문학 역시 다시 쓰일 수 있다. 남성 중심적 구조에 깃든 일반적 서사를 낯설게 하고 단숨에 해체하는 패러디 수행을 통해 여성이라는 규범적 정체성이 얼마나 불합리한 기반 위에 있는지 폭로된다. 예를 들어 여성의 정조(貞操)를 운운하는 남성을 패러디해, 남성의 동정(童貞)을 원한다는 '솔직한 여우의 심정'이 토로됐다. 그리고 "아들 녀석이 대학을 보내달랍니다.", "요즘 어린 남직원은 싸가지가 없네요.", "남자친구가 된장남인 거 같아 혼쭐을 내줬습니다." 같은 문장도 능청스레 말해졌다. 이렇게 교육, 직업, 연애 등에서 여성에게만 적용되던 성 규범이 제대로 뒤집혔다. 한국 문학의 기념비, 이상의 〈오감도〉도 여성 혐오 발화의 세목을 그대로 활용해 패러디됐다. 익명의 시 〈한남도〉는 "13인의 한남이 실좆 달고 질주하오. 제1의 한남이 김치녀가 무섭다고 그리오. 제2의 한남도 꽃뱀이 무섭다고 그리오. 제3의 한남도 데이트비가 무섭다고 그리오"라고 했다.

단언컨대 메르스 파동에서 메갈리안 탄생으로 연결된 이 기묘한 며칠이 없었다면, 규범에 맞는 존재로서 '개념녀'라는, '코르셋' 같은 억압은 여전했을지도 모른다. 가늠할 수 없는 수많은 여성들이 자신을 비추던 거울을 되돌려 말들을 쏟아내고, 질주하듯 각종 미러링 표현과 서사들을 온라인에서 공유하고 확산시켰다. 또한 이야기를 쓰고 읽는 데에서 나아가, 아예 이들의 집단적인 움직임 자체가 메시지로 전환되기도 했다. 즉 메르스 갤러리에서 발언이 제한됐던 메갈리안들은 성 구매 정보가 활발히 유통된다는 동남아 여행 갤러리로 이동했다. 몇몇은 연애 관계에서 완전히 탈락한 남성들이라는 뜻으로 드라마 '결혼 못하는 남자' 갤러리로도 옮겨 갔다. 이러한 집단적인 퍼포먼스를 벌이는 과정에서 이제 '김치녀'는 전지전능하다는 의미에서 스스로를 '갓(God)치'(녀)라 선언했던 것이다.

그리고 메갈리아 이후 페미니즘 정체성을 간판으로 내건 페이지와 사이트가 폭발적으로 늘어났다.[8] 그리하여 덜 고집스럽거나 더 강경하거나에 따라, 동력 약화를 감수하면서도 각각이 원하는 방향으로 선회하고 분화하여, 메갈리아는 필요할 때 강력히 집결하는 느슨한 연대를 상징하게 될 것이었다. 단지 "너 메갈하니?"라는 사상 검증이 이 모든 맥락을 부정하고, 소위 "밥

---

8) 대표적으로 페이스북 페이지 '메갈리아4', '메르스 갤러리 저장소4'와 유튜브 기반의 'Global Project Egalite'가 있다. 그리고 메갈리아 이후 각각의 이슈에서 결집한 페이스북 페이지 '강남역 10번 출구', 트위터 계정 '디지털 성범죄 아웃'(구 '리벤지 포르노 아웃')이 있다. 그리고 현실 개입을 위한 오프라인 활동에 집중하는 '부산페미네트워크', '불꽃페미액션' 등 단체도 있다. 또한 정보 집적에서는 사이트 '아름드리 위키', '페미위키', '페미디아', '바람계곡의 페미니즘' 등이, 출판·잡지에서는 '봄알람', '모난'(잡지 〈사심(forsim·4心)〉) 등이 활약하고 있다.

줄을 끊어버리겠다"라는 매카시즘이 되기 전까지는 그랬다는 말이다. 넥슨 성우 교체 사건 이후 메갈리아 반대 전선은 대동 단결했고, 근 1년간 지속된 메갈리아 성립과 경과, 그리고 그 의미에 대한 논의는 순식간에 여혐과 남혐이라는 이분법으로 환원됐다. 이에 SNS에서 기본적인 페미니즘 구호에 실제적인 위협을 가하지 말라는 "#내가 메갈이다" 해시태그 운동이 일어났다. 그러나 대부분의 사람들은 메갈리아를 일간베스트(일베)와 더불어 남녀 혐오 세력이라고 대칭적으로 인식했다.

물론 '온라인 젠더전(戰)'이라는 수사적 대치에서 이미 '여혐 vs 남혐'이라는 착시가 생길 수도 있다. 사실 이러한 충돌과 저항은 2000년대 이후 내내 전개됐는데, 현재 '남초(男超)'와 '여초(女超)'라는 말 자체에서 이미 온라인 커뮤니티 내 성별 이분화가 이뤄졌다고 보인다. 현재 온라인 판은 확실히 기울어져 있는데, 이는 사이버 세계가 IMF 금융 위기 이후 '위기의 남성성'을 재충전하는 사회적 공간이 되었기 때문이다.[9) 일베를 비롯한 극우 커뮤니티는 지난 국정원 대선 개입 의혹에서도 짐작할 수 있듯이, '이명박-박근혜' 보수 정권 시기에 유·무형으로 제도적 지

---

9) 1999년 군 복무 가산점 위헌 판결을 둘러싸고 온라인에서 성별 대치가 심각했고, 이는 사이버 성폭력이라는 의제까지 돌출시킬 정도였다. 관련 내용은 권김현영, '사이버 스페이스, 여성 운동의 새로운 도전 – 표현의 자유와 사이버 성폭력', 《20세기 여성 사건사》, 여성신문사, 2001; 김수아, '한국 온라인 공간과 여성 혐오 정서', 〈젠더리뷰〉 38호, 한국여성정책연구원, 2015년 가을.

원을 받으며 성장해 왔다. 그리고 그 속에서 남성을 상징적 성별로 내세우며 여성 혐오를 가장 큰 동력으로 삼아 왔다.[10]

많은 이들이 메갈리아에서 나온 미러링 표현을 도저히 여성들이 했다고는 믿을 수 없다고 했는데, 이것은 사실 수년간 여성들도 혐오 발화의 문법을 숙지하고 있었다는 증거였다. 다만 이번에는 침묵하는 게 아니라 적들이 사용하는 언어를 활용했다는 차이가 있을 뿐이었다. 미러링은 린치를 수반하는 증오 발화(hate speech)가 아니라, 새로운 형식의 여성의 저항이다. 여성 혐오 발화는 온·오프라인을 넘나들지만, 소위 '남성 혐오' 발화는 오직 온라인에서만 가능하다. 그리고 전자는 차별로 연결되나, 후자는 공포를 드러낸다. 다시 말해 메갈리아를 둘러싸고 남성은 여성들이 말하는 조롱에 격분했으나, 여성은 남성이 행하는 폭력이 두렵다고 했다.[11] 이러한 상황에서 메갈리안들은 이 거대한 혐오를 목격하는 동시에 이를 증빙하기로 한 것이다. 미러링은 역전된 혐오 발화로 원본을 아카이빙하는 동시에 그 표현에 대항하며, 결국 여성 혐오의 시대를 생생하게 고발하게 된다.

그렇게 '메퇘지'가 등장했다. '메갈리안'과 '퇘지'를 이어 붙인

10) 윤보라, '일베와 여성 혐오-일베는 어디에나 있고 어디에도 없다', 〈진보평론〉 57, 2013년 가을.
11) 나무위키 '메갈리아' 항목과 메갈리안 인기 글을 빅데이터 처리로 분석한 기사는 천관율, '정의의 파수꾼들?', 〈시사인〉 467, 2016년 8월 25일; 천관율, "'메갈리안' 여성 혐오에 단련된 '무서운 언니들'", 〈시사인〉 418, 2015년 9월 17일.

뚱뚱하고 추하다는 표현은 저돌적이고 유쾌하게 싸우는 여성들이라는 의미로 전유됐다. 그리고 메갈리안들이 집단적으로 하는 도전은 여성 혐오에 대항하는 혐오 발화 수행에 머물지 않았다. 아이러니하게 미러링 논쟁이 여혐과 남혐이라는 허위 구도를 드러내고, 대항 발화로서 패러디의 유효성을 드러낸 것이다. 이제 젊은 여성들은 더 좋은 남자를 만날 거라며 "똥차 가고 벤츠 온다"고 위로하지 않고, 차라리 "똥차든 벤츠든 필요 없다"고 서로 힘을 북돋운다. 이들은 명백히 '포스트 87체제'를 열어 갈 새로운 세대들이다. 성취됐다고 했던 민주주의는 어떤 민주주의였던가. 여성은 스스로를 대리할 수 있는가. 어떠한 여성이 여성을 대표할 수 있는가. 메갈리아 이후의 여성들은 이러한 질문을 훌쩍 뛰어넘어, 직접 행동으로 모습을 드러냈다. 과연 이러한 포스트 여성 주체는 누구인가.

포스트(post) 여성 주체

메갈리안은 포스트 여성 주체, 새로운 세대이다. 온갖 포스트 담론 이후에 모습을 드러낸 주체 이후의 주체들. 계몽의 열정과 주체의 의지를 숭고하게 가지기보다는, 온·오프라인을 넘나들며 정체성을 실험하는 행위자들. 그리고 패배의 경험도 없지만, 승리의 기억도 없었던 청년들. 특히 차별받지 않았다지만, 늘 혐오의 대상이었던 여성들. '빠순이', '된장녀', '김치녀', '맘충', '김

여사' 등, 2000년대 이후 성차별적인 'ㅇㅇ녀'류가 적힌 목록은 늘어만 갔다. 그리고 현재 대통령 탄핵 정국에서는 '여성'이라는 대통령의 성별을 대표적 혐오 지표로 사용하는 '미스 박'이라는 명칭도 나왔다. '미스'는 결혼 유무로 여성을 가르고, 공적 공간에서 여성 노동을 임시적이고 부수적이라고 치부하기에 지속적으로 문제가 제기된 지칭이다.

2000년대 이후 누구보다 거리에, 그리고 광장에 있었던 여성들은 이제 이러한 낡은 사고와 엇나간 풍자를 더는 참지 않았다. "여성 정치의 실패가 아니라 아재 정치의 실패다.", "페미니스트는 해일이 몰려올 때 조개를 줍는 게 아니라, 비상 신호를 알리는 사람이다."라고 외쳤다.[12] 사실 메갈리아 미러링의 뿌리 역시 단발적 퍼포먼스에 있지 않다. 오히려 '디지털 네이티브(Digital Native)'로서 축적해 온 여성들의 패러디 역량과 그를 바탕으로 한 대항 실천에 있다. 지금까지 여성들은 금기를 넘는 서사를 향유하기 위해 투쟁해 왔다. 이전에도 이미 2001년 청소년 유해 매체 검열 대상 지정에 반대하여 "팬픽(fanfic)도 문학이다."라고 외쳤다. 팬픽은 메갈리아 이전에도 촛불소녀, 그리고

---

12) 2016년 11월 26일 '박근혜 퇴진' 촛불 집회에서 '페미니스트 시국 선언'이 있었다. 인용은 차례대로 '노동당 여성위원회', '페미당당' 선언문의 일부이다. 이 밖에 '박.하.女.행 박근혜 하야를 만드는 여성주의자 행동', '정의당 여성주의자 모임 저스트 페미니스트(Just′ Feminist)', '지구지역행동네트워크', '성적소수문화인권연대', '정의당 이화여대 학생위원회', '장애여성공감', '건강과 대안 젠더건강팀' 등 30여 개 여성, 성소수자, 장애인, 인권 단체가 이 선언에 참여했다.

배운녀자들 사이에서 함께 쓰고 읽으며 향유되던 온라인 서사이다. 특히 실제 K-POP 아이돌 그룹 멤버를 주인공으로 하여 동성 간 강도 높은 성애 장면을 만들어내기도 했다. 팬픽은 이성애 사회를 지탱하는 여성 혐오와 한 쌍일 수 있는 동성애에 대한 성 금기에 도전했던 것이다.[13] 메갈리아 미러링이 여성 혐오의 바탕인 남녀 성 규범을 노골적으로 뒤집는다고 큰 저항을 받았듯이 말이다.

메갈리아 미러링은 남혐이 아닐뿐더러, 나아가 '여혐혐'에서 그치지도 않는다. 여성 혐오와 더불어 호모포비아 역시 이성애에 뿌리를 둔 남성 지배를 공고히 하는 두 축이다. 2000년대 이후 여성 주체들은 차례로 남성 연대를 패러디하고, 남성 사회의 여성 혐오를 비판하면서, 가부장적 여성 교환 체제 자체를 폭로하고 있다. 과도기적 놀이라고 간주됐던 팬픽을 음지에서 즐기던 소녀들이 십여 년을 훌쩍 지나 행동하는 메갈리안이 되어 거리로 나왔다. 물론 규범과 금기를 찢고, 서브 컬처와 대항 운동에서 폭발하는 말들은 사뭇 당황스럽다. 그러나 메갈리안들은 미러링이 패러디임을 인지하면서, 서사와 현실의 낙차를 통해 분노만이 아니라 재미를 느낀다. 그렇기에 미러링이라는 위악은 온라인 환경을 떠나면 공중(公衆)을 향한 번역된 운동의 형태로

---

13) 류진희, '동성 서사를 욕망하는 여자들: 문자와 이야기 그리고 퀴어의 교차점에서', 한채윤 엮음, 《성의 정치 성의 권리》, 자음과모음, 2012.

전환돼야 했던 것이다. 여기에서 긴급히 떠오른 가정 폭력, 성폭력, 데이트 폭력, 스토킹, 이별 범죄 이슈는 여성으로서 함께 각성하자는 호소에 다름없다.

　조혜영이 짚어냈듯 메갈리안들은 현실에 바탕을 두고 가상 세계로 이동한 게 아니라, 정확히 반대로 온라인에서 현실 세계로 강력하게 개입해 들어간 것이다.[14] 이 때문에 '나쁜 미러링'의 목록을 수집하고 이것이 사실인가 아닌가를 꼽는 것으로 여성들에게 재갈을 물릴 수는 없다. 메갈리아를 일베보다 더한 이 시대의 최악으로 꼽는 이들은 '메갈'의 실상을 드러낸다는 사건·사고를 수집하고 나열하는 데 골몰한다. 그러면서 자신들이 제공하는 관련 사실, 즉 '팩트'는 의심할 여지 없는 지식이라고 믿는다. 그리하여 사이트 사용자가 직접 내용을 입력하고 또 삭제할 수 있는, 인터넷 협업 한글 백과사이트인 '남우(男友)'들의 '나무위키'에서는 지금도 정보들이 쌓여 가고 있다. 결국 이 데이터 다발이 양적으로 상대를 굴복시킨다는 '팩트 폭력'이나 '팩트 폭격'이 되고, 때로는 자기 확신을 거쳐 집단 신념이 된다. 이는 언뜻 "남성/지식/진실 vs 여성/서사/허구"라는 구도를 떠올리게 한다. 그러나 아이러니하게도 전자(지식)는 주목을 끌기 위한 조작, 즉 '주작'이 아닌지 의심되고 후자(서사)는 현실에서 자신에

---

14) 조혜영, '상호 매개적 페미니즘―메갈리아에서 강남역 10번 출구까지', 〈문학동네〉 88, 2016년 가을.

게도 일어날 수 있는 이야기로 수용된다. "이것이 팩트다"라는 주장은 종종 구조적인 문제에 접근하는 비판적 사고를 봉쇄하기도 한다.

결국 메갈리아 논쟁은 '한 장의 티셔츠'가 재점화했으나, 한편으로는 2000년대 이후 여성들의 문화 역량이 기존 체제에 도전하는 실천으로 결집할 때 남성 사회가 느끼는 위협에서 비롯했다고 볼 수 있다. 그러니까 관련 해외 보도는 확실히 이 사건을 동아시아판 '게이머게이트'(Gamergate, 2014년에 미국에서 시작된, 비디오 게임 문화 내 성차별 논란)라고 했지만, 한국에서는 단지 '메갈 논쟁'으로 취급받았던 것이다. 여기에서 여성들이 온라인 뉴미디어 장르에서 겪는 차별과 곤란은 초점 밖에 놓이게 된다. 온라인 뉴미디어 장르의 성차별 문제와 관련해 '예스컷 노실드(Yes cut No shield)' 사태를 마지막으로 짚어볼 필요가 있다.[15] 넥슨 성우의 계약이 해지되면서 자신의 작업 결과인 목소리마저 삭제당한 데 대해 누구보다 위로를 표시했던 이들은 바로 창작자들이었다. 그중 가장 일반에 낯익은 대중 장르인 웹툰의 작가들이 우선 비난의 대상이 됐다. 그리고 이른바 메갈리아를 옹호하는 이들을 정리했다는 '살생부'가 등장했다. 여기에 언급된 이

---

15) 관련 기사는 김낙호, '예스컷, 우리가 퇴화할 것이라는 징후', 〈아이즈〉, 2016년 7월 28일: 박은하, "'파시즘 차단'의 이름으로 집단 괴롭힘?", 〈주간경향〉 1188, 2016년 8월 9일: 부제정, '여성 혐오와 예스컷, 다수가 옳지 않을 때도 옳지 않다고 말해야 한다', 〈경향신문〉, 2016년 8월 16일 등.

들의 작품에는 낮은 점수를 주자는 '별점 테러'도 시도됐다. 마침 방송통신위원회가 웹툰 규제를 제도화하려 했고, 여기에 반대는 하지 않겠다는 입장이 천명됐다. 이 캠페인은 '웹툰계를 갈아엎어야 한다'며 검열에 찬성하고, 논란이 있는 작가를 지지하지 않겠다고 했다. 원래 '예스컷'이라는 슬로건이 웹툰 심의 제도를 반대하는 '노컷 운동'에서 나왔다면, 이는 애초에 표현의 자유를 주장했던 신조를 정반대로 부정하는 운동이 되는 것이다.

이로써 사실 메갈리아에 반대하는 가장 큰 이유가 미러링으로 대표되는 여성들의 목소리가 거슬린다는 정도가 아님이 분명해졌다. 다시 말해 그들의 주장을 확산하는 문화 활동과 그의 마중물인 창작 행위 자체를 막겠다는 것이다. 이러한 고발 운동과 검열 요청은 일반 '메갈 작가'들이 활동한다는, 여성들이 중심인 패러디 2차 창작계 전반까지 확산됐기에 더욱 문제적이었다. 이때 고발의 근거가 된 것은 팬픽을 포함하여, 바로 동성 서사를 주로 다루는 19금 창작물이었고, 그 고발의 명분은 정확히 십여 년 전 국가가 내걸었던 아동·청소년 보호였던 것이다. 결국 '예스컷' 운동에서 복창되던 "창작은 권력이 아닙니다."라는 구호는 여성들의 문화 역량이 발휘되고 그들의 창작물이 향유되는 자생적인 장까지도 막겠다는 뜻이 됐다. 이는 이제까지 남성 창작자와 그 소비자들이 여성 대상 성적 대상화 논란에서는 표현의 자유를 부르짖었던 것과 완전히 다르다.

따라서 메갈리아를 배경으로, '한 장의 티셔츠'를 계기로, 검열 찬성을 결론으로 보면, 전체적으로 이 사건은 혐오 발화를 둘러싼 남녀의 세력 다툼이 아니다. 그보다 말과 매체, 그리고 장르와 창작을 둘러싸고 사회적 금기와 자기 재현 사이에서 여성이 어떻게 힘들게 존재하는지를 보여준다. 핍박받는 남성으로 청년 문제를 재현하고, 그들의 '양성평등' 가부장의 꿈을 위해 여성의 재생산을 독려하는 구도에서 가족 밖에 있는 20·30대 젊은 여성들은 붙잡히지 않는다. 그러나 이들은 스스로의 누락된 형상을 계급과 젠더 문제를 통해 되살려내고 그리고 온·오프라인을 넘나들며 집단적인 행위성을 발휘해 왔다. 촛불소녀들이 이성애 서사가 아닌 동성 서사 팬픽에 몰두하기도 했듯, 이들은 남녀 로맨스의 세계에만 머물지는 않는다. 더 나아가 메갈리아 세대는 남성들의 언어도 차용하여 스스로를 '착한 소수자'가 아닌 '호전적 전사'라고 했다. 이들이 어떻게 '헬조선'이라는 종말 이후, '포스트 아포칼립스(post apocalypse)'를 열어 갈지 주시해야 한다.

신자유주의 시대의 포스트 여성 주체가 스스로 자신을 말하는 방식은 어떻게 진전될까. 손희정이 이야기하듯, '메갈-이후' 이들은 어디로 여행을 떠나서 어떤 모험을 하게 될까.[16] 온라인에서는 미러링이라는 전복적 쾌락이 흘러넘쳤지만, 오프라인에

---

16) 손희정, "이제 '메갈-이후'를 봐야 할 때", 〈르몽드 디플로마티크〉 97호, 2016년 10월.

서는 피해를 폭로하는 말들이 고통스럽게 이어졌다. 그러나 찰나의 해방감을 넘어 진정한 해방은 자기 도취도 자기 소멸도 아닌, 구조적 변혁과 일상의 변화에 있다. 이미 이들은 산발적이지만 어느 순간 집단적이며, 잠재적이면서도 동시에 현재적인 행위성이 무엇인지 경험한 세대이다. 그러나 이 과정은 즐겁고도 또 고통스럽다. 왜냐하면 대항 주체로서 여성이라는 존재를 일으켜 세우는 한편으로, 고정된 특질을 엮는 범주로서 여성성은 해체되어야 하기 때문이다. 다시금 메갈리아 사이트가 분열되던 때를 떠올린다. 2015년 12월, 누구를 적대할지, 혹은 어디까지 미러링이 가능한지 등을 두고 내부에서 논란이 있었고 "여성의 인권만 챙겨 가겠다"며 한 무리가 포털사이트 다음의 비공개 카페 '레디즘'과 '워마드' 등으로 이탈해 나갔다. 그러나 패러디로서 미러링은 반드시 위쪽을 향하여 더 큰 권력에 저항해야 한다. 그리고 그 역전의 쾌락은 더 많은 존재들과 만나는 계기로 나아가야 한다. 왜냐하면 남성에 비하여 여성이 부정적으로 말해지고, 여성에 빗대어 소수자들이 차별받기 때문이다. 그런 혐오의 연쇄에서 여성만 오롯이 빠져나올 수 없다. 큰 범주로서 여성뿐 아니라, 작고 많은 소수자 특질을 자기 안에서 발견해내어, 남성을 중심으로 하는 차별적 구조를 깨부숴야 한다.[17]

다시 처음으로 가서, 메갈리아 미러링은 남성 중심 한국 사회가 유일하게 귀 기울여줬던 말이었다. 이러한 폭력을 가장하는 여성들의 언어 전략은 페미니즘 투쟁에서 내내 있어 왔다. 영화

〈서프러제트〉에서 주인공은 여성 운동 때문에 가정을 돌보지 못했다며 이혼당해야 했다. 이때 그는 아들과 헤어지면서 엄마의 이름을 잊지 말라고 당부한다. 그러나 메갈리안을 비롯해서 포스트 여성 주체들, 이들 익명의 여성들은 과연 어떻게 기억될 수 있을까. 미러링이 아니라도 이미 이들은 차별적 현실에 대항하는 집단적 직접 행동으로 역사에 새겨지고 있다. 물론 메갈리안이 페미니즘의 모든 주제를 떠맡을 수 없고 그럴 필요도 없다. 그러나 메갈리안이 진정한 페미니스트가 아니라는 거부는 해방의 언어로서 페미니즘을 왜소화한다. 그렇기 때문에 '진짜 페미니즘과 가짜 메갈리아'가 아니라, '빛의 페미니즘과 어둠의 메갈리아'가 낫겠다. 마치 인간의 성(sex)이 남녀 양성이라는 이분법으로 나뉘어 있다고 믿어지지만 실상은 그렇지 않은 것처럼, 이 둘은 연결되어 있다. 물론 이 사이에는 드넓은 스펙트럼이 있겠지만 빛은 반드시 어둠이 되고 어둠은 빛이 될 수 있다.

---

17) 메갈리아 하강과 분화의 도화선이기도 했던 게이 논쟁에 관해서는 정현희, '왜 메갈리아는 게이 논쟁을 필요로 했는가', 《THE 더러운 커넥션 제8외 LGBT 인권포럼 자료집》, 성소수자차별반대 무지개행동 기획단 외 주최, 2016년 3월 4일~6일; 유정민석, '내가 남혐 걸린 게이다 이기야!- 혐오 세력 메갈 vs 한남충 게이라는 혐오의 구도를 넘어서', 〈퀴어인문잡지 뻬라3 길티 플레저〉, 노트인비트윈, 2016년 9월 참조.

왜 한국 개신교는 '동성애 혐오'를 필요로 하는가?[1)]

한채윤 | 1997년 PC통신 하이텔 내의 동성애자 인권 운동 모임인 '또하나의사랑'의 대표시삽을 맡으면서 성적 소수자 인권 운동을 시작했다. 잡지 〈BUDDY〉의 편집장과 '한국성적소수자문화인권센터' 대표를 지냈고, 현재는 '퀴어문화축제 조직위원회'의 퍼레이드 기획단장과 '비온뒤무지개재단'의 상임이사로 일하고 있다. 저서로 《한채윤의 섹스 말하기》가 있고 공저로 《남성성과 젠더》, 《페미니스트 모먼트》 등이 있다.

왜 교회는 동성애를 '싫어하는가'라는 의문

어느 기독교 단체가 주최했던 토론회에서 한 청중이 "개신교는 왜 동성애를 그렇게까지 싫어해요?"라는 질문을 했다. 발제자 중 한 명은 "다른 죄는 사람들이 스스로 죄인이라고 인정을 하기에, 설사 회개하고 같은 죄를 또 저지른다고 해도 그 죄를 추궁하기가 힘들지만 동성애자들은 아예 죄인이라고 스스로 인정하지도 않기에 더 단호한 태도를 취하는 것 같다."라는 의견을 냈다. 듣고 보니 틀린 말은 아닐 성싶다. 죄인이라고 몸을 낮

---

1) 이 글은 〈인물과 사상〉 2016년 1월호에 실렸던 원고를 대폭 증면 수정한 것이다. 이 글에서 '동성애 혐오'는 단순히 동성애자에 대한 혐오만을 뜻하지는 않는다. 동성애자, 양성애자, 트랜스젠더 등 성별 이분법과 기존의 성 규범에 따르지 않는 모든 이들에 대한 억압과 차별을 포함하는 단어다. 정확하게는 성적 소수자에 대한 혐오와 편견이라고 해야 하지만, 동성애자와 트랜스젠더를 구별하지 않고 동성애자로만 명명하는 보수 개신교의 무지와 습관을 그대로 드러내고 또 인용해야 하는 상황이므로 '동성애 혐오'를 사용하였다. 이 외의 경우엔 성적 소수자라고 썼음을 밝혀 둔다.

추지도 않는 자들을 교회가 받아들이기란 쉽지 않을 테니 말이다. 하지만 기독교의 교리로 본다면 예수님을 믿지 않는 것이 죄중에서 가장 큰 죄다. 인구주택총조사에 따르면, 현재 대한민국전체 인구의 70% 정도는 믿는 종교가 아예 없거나, 설사 종교가있다고 해도 불교 등 다른 종교를 믿는다고 답했다.[2] 그렇다면우리 사회에는 죄를 짓고도 죄인인 줄 모르고 사는 이들이 너무많다. 하지만 비기독교인이 모두 '혐오'의 대상으로 '죄인' 취급을받고 있지는 않다는 점에서 어찌하여 동성애만 이토록 '증오'하는지에 대한 답으론 충분하지 않은 듯하다.

같은 질문에 다른 발제자는 '개신교의 위기'를 언급했다. 세계 50대 메가 처치(Mega-church) 중 24개가 한국에 있으며, 여의도 순복음교회가 세계 최대의 단일 교회라는 기록은 한국 개신교계의 빛나는 자부심이다. 19세기 말 조선에 처음 기독교가 전래된이후, 기독교 특히 개신교인의 수는 전 세계에 유례가 없다고 할만큼 급속도로 성장을 거듭했다. 식민지와 전쟁, 그리고 친미 독재 정권이 주도한 산업화에 이르기까지 한국 근현대사의 흐름은개신교의 교세 확장과 잘 맞물렸다. 그러다 2000년대부터 눈에

---

2) 2005년 인구주택총조사에 따르면, 총 인구 4684만 명 중 2187만 명(47%)이 무교, 1072만 명(23%)이 불교, 514만 명(12%)이 천주교, 개신교가 861만 명(18%)으로 집계되었다. 2015년 인구주택총조사 중 종교인 조사는 2016년 12월 19일에 발표되었으나, 조사 방식이 전수 조사에서 표본 조사로 달라지면서 조사 결과에 대한 새로운 분석이 필요한 상태다. 그러므로 단순 비교하기는 어렵지만 2015년 조사에서 개신교 인구는 다시 크게 늘어나는 결과가 나왔다.

띄게 교인이 감소하기 시작했는데, 이에 비해 천주교인은 오히려 늘어나는 추세를 보이고 있다.[3]

신도들의 헌금이 주요 수입원인 교회로서는 신도 수의 감소가 곧 교회의 위기다. 매년 1,000여 개의 교회가 폐업을 한다[4]는 통계가 아니더라도 고령화와 저출산이라는 두 가지 사회 변화는 필연적으로 교인 수의 감소를 예고한다. 게다가 종교인들끼리 세속과 다를 바 없이 성폭력, 비리, 횡령, 세습을 비롯해 갖가지 법적 소송까지 벌이는 것을 보고 종교 자체에 대한 환멸과 무관심이 높아지는 점도 위기다. 역사상 내부의 위기를 극복하는 가장 흔한 전략은 외부의 '적'을 만드는 것이다. 그렇다면 두 번째 발제자의 설명도 타당하다. 다만 왜 그 외부의 적이 꼭 '동성애자'여야만 하는지는 설명되지 않는다. 동성애자를 미워할수록 교회의 신도 수가 늘어난다는 규칙이 있는 것도 아니기 때문이다.

토론회에서 나오진 않았지만 첫 질문에 대한 가장 일반적인 답변은 '성경'에 동성애가 '죄'라고 적혀 있다는 것이다. 하지만 이 역시 조금만 더 생각해보면 정답이 아님을 알 수 있다. 성경

---

3) 인구주택총조사에 따르면 개신교인은 1985년에 648만 명에서 1995년에는 876만 명으로 늘어났지만 2005년에 861만 명으로 오히려 15만 명가량 줄어들었고, 이에 비해 천주교는 교인의 수가 295만 명에서 무려 514만 명으로 늘어났다.
4) 김진호, "'교회 팔아먹는 목사들', 그들도 피해자다", 〈오마이뉴스〉, 2011년 9월 22일 참조.

에 적힌 죄라고 해서 반드시 혐오가 작동하는 것이 아니기 때문이다. 성경에 명시된 수백 개가 넘는 죄의 목록 중에서 그 어떤 것도 현대에 동성애만큼 집요하게 추궁당하는 것은 없다. (심지어 십계명을 어긴 죄조차도 그렇다.) 성경 구절에 대한 해석은 대개 '신학자'들의 몫이고, 성경의 모든 구절은 여전히 논쟁적이며, 다양한 해석들 중 무엇이 선택될지는 힘의 논리에 따른다. 그러므로 동성애가 정말 종교적 '정죄의 대상인지 여부'를 따져서 이 '혐오'의 인과를 따질 수 없다.

사실 '혐오'는 감정의 영역이다. 하지만 이 글에서는 혐오를 감정의 문제로 읽어내지는 않으려 한다. 현재 우리가 당면한 문제의 핵심은 동성애가 어떤 기독교인에겐 정말 역겹게 느껴지는지, 마음을 열면 똑같은 어린 양으로 보이는지가 아니라, 교회가, 성직자들이, 교단의 지도자들이, 개신교를 믿는 교인들이 동성애 혐오를 '조직적으로' 드러내고 있다는 것이기 때문이다. 단지 '혐오하기' 때문에 이렇게 조직적으로 단체를 만들고, 선거 공약으로 내세운다고 생각할 수 없다. 왜 2007년에 개신교는 차별금지법 반대를 주도했을까? 어찌하여 2010년부터 반(反)동성애 운동을 조직적으로 전개하게 된 것일까? 그러다가 2015년에 이르러서는 왜 퀴어 퍼레이드에 수만 명의 개신교인이 반대 집회까지 열게 된 것일까? 왜 한국의 개신교는 지금 이 시기에 동성애를 혐오하는 데 이토록 총력을 기울이는 걸까? 질문은 이것이다.

이 글은 그 의문들을 따라가는 작업이 될 것이다. 이 과정에서 우리는 한국 개신교에 닥쳐온 위기가 단순한 신도 수의 감소가 아니라 훨씬 더 깊은 바닥에서부터 붕괴되고 있는 심각한 것이며, 한국 개신교가 정치 세력화를 꿈꾸면서 성적 소수자 인권 운동과 정면으로 만나는 장면을 발견하게 될 것이다.

개신교, 차별 금지법을 '금지'하다

왜 개신교는 2007년에 차별 금지법을 반대했는가

한국 개신교가 반동성애 운동을 적극적으로 펼친 최초의 시점은 2007년이다. 그 이전에 반대의 목소리를 낸 적이 전혀 없지는 않았지만 다소 형식적이었다고 할 만하다. 보수 개신교의 총합이라고 할 수 있는 '한국기독교총연합회'(이하 한기총)에서 성적 소수자에 관련된 성명서가 나온 것은 2002년이 처음이었다. 당시 한나라당의 김홍신 의원이 낸 '성 전환자 성별 변경에 관한 특례 법안'을 반대한다는 내용이었다. 두 번째는 2003년이었다. 국가인권위원회가 '청소년보호법 시행령'의 동성애자 차별적 조항을 삭제하라고 권고한 것을 비판하는 성명서였다. 이 성명서가 발표되고 나서 며칠 뒤 성적 소수자 청소년이 기독교의 편협함을 비판하는 내용의 유서를 남기고 자살했다. 이에 동성애자 단체와 한국기독청년학생연합회 등이 한기총을 찾아가 항의했으나 한기총은 "기독교인이라면 인권 문제에 앞서 먼저 예수님의 가르침을 따라야 한다"며 사과하길 거부했다.

이후 몇 년간 별다른 언급이 없다가 2006년에 대법원이 '성 전환자 성별 변경'을 허용하는 판결을 내리자 이를 우려하는 세 번째 성명서가 나온다. 한국의 성적 소수자 인권 운동은 1990년대 중반부터 시작되었고, 2000년대 초반엔 홍석천 씨와 하리수 씨의 커밍아웃이 있었다. 도심 거리를 행진하는 퀴어 퍼레이드 역시 2000년도부터 매년 진행되고 있었다. 그런데도 특별히 관심을 보이며 조직적 대응을 한 적은 없었다. 그런데 왜 2007년에는 달랐을까? 이를 이해하려면 차별 금지법이 입법 예고되었던 2007년 10월 이전의 한국의 정치적 상황을 살펴봐야 한다.

군사 독재 정권에 저항한 1987년 민주화 항쟁은 대통령 직선제라는 변화뿐만 아니라 사회, 문화, 경제 전 영역에 큰 변화를 가져왔다.[5] 1992년 대통령 선거에서 김영삼 후보가 유력한 대권

---

5) 한국 개신교는 해방 이후 남한의 단독 정부 수립 때부터 친정부적인 행보를 보였다. 개신교는 자신이 직접 정치적 세력을 갖는 것보다는 권력의 비호를 받으며 교회와 개신교 자체의 힘을 높이는 방식을 선택했다. 이런 보수 개신교의 행보와 달리 진보 개신교인들은 빈민 운동부터 반독재 정권 투쟁까지를 전개했다. 반공이 아니라 멸공이라는 단어를 쓸 정도로 사회 전반적으로 '빨갱이 혐오'가 강했는데 이런 혐오에서 비교적 자유로울 수 있는 집단은 '기독교인'이었다. 천주교의 '정의사회구현사제단'이 민주화에 큰 기여를 한 것도 같은 맥락이다. 해방이 될 줄 모르고 일제에 협력했다가 부끄러운 과거를 독재 정권에 빌붙어서 덮으려 한 것처럼, 민주화 이후 보수 개신교는 자신들의 입지를 잃지 않기 위해 '한기총'을 설립했다. 한편 '기독교윤리실천운동'처럼 과거를 반성하고 도덕성을 일깨우는 데 개신교가 앞장서자는 새로운 운동이 시작되기도 했다. 하지만 민주화 운동에 헌신했던 이들 중의 일부가 그 공로로 국회의원이나 장관으로 기용되기 시작하면서 반작용이 일어났다. 이 과정에서 또 다른 일부는 새로운 합리적 보수를 자처하며 세력화를 도모했다. 서경석 목사, 김진홍 목사가 개신교계의 '뉴라이트'로 변화하는 것이 그 예다.

후보가 되자 개신교는 이승만에 이어 '장로 대통령'이 다시 나오는 데 열광했다. 하지만 '기독교 국가'에 대한 꿈은 IMF 사태를 가져온 '실패한 장로 대통령'으로 끝났고 이어 천주교 신자인 김대중 대통령이 집권하게 되자 긴장했다. 반공주의를 근간으로 하는 개신교 입장에서는 햇볕 정책 등 북한과 관계를 적극적으로 개선하는 것도 영 마뜩치 않았다. 설상가상으로 유명 목사의 공금 횡령, 기도원 비리, 대형 교회의 목사직 세습 등이 언론을 통해서 연이어 폭로되기 시작했다. 개신교에 대한 반감은 올라가고 사회적 신뢰도는 추락했다.[6]

　대통령 선거가 있었던 2002년의 상황은 개신교를 더욱 자극했다. 그해 초에 미국에서 열린 동계올림픽의 쇼트 트랙 종목에서 미국 선수의 명백한 반칙이 묵인되고 한국 선수의 금메달이 박탈되는 일이 있었다. 그리고 6월에 미군 장갑차에 의해 여중생 두 명이 압사당하는 참사가 일어났다. 처음엔 월드컵의 열기 때문에 잘 알려지지 않았지만 미군들이 전원 무죄 판결을 받으면서 피해자는 있는데 가해자만 사라지자 국민 정서가 달라졌다. 아마도 월드컵 이후 높아진 국민들의 자긍심과 자신감이 반미 감정이 고조되는 데도 영향을 끼쳤을 것이다. 사건의 진상을 규명하라는 분노와 두 여중생에 대한 추모 열기는 1980년대 민

---

6) 기독교를 비하하는 '개독교'라는 표현이 인터넷을 중심으로 사용되기 시작한 것도 이때부터다.

주화 항쟁 이후로 최대 인파가 서울 광장을 가득 메우는 최초의 촛불 집회를 만들어냈다. 하지만 개신교 입장에서는 '은혜를 갚아야 할 국가'인 미국에 대한 국민적 반감이 강해지는 것이 불편했다. 이런 정국에 '사진 찍으러 미국에 가지 않겠다'고 공언한 노무현 후보가 대통령으로 당선된 것이다.

조갑제 등이 대표하는 극우 정치 세력과 보수 개신교계가 본격적으로 손을 잡은 것은 이때부터다. 2003년부터 시청 앞 서울 광장과 여의도 광장 등에서 대규모 구국 기도회가 개최되었다. 성조기와 태극기가 휘날리는 기도회에서 유명 개신교 목사들은 분단은 하나님의 축복이고 미국의 도움을 받아 북한의 공산주의를 척결하는 것이 한국 개신교의 임무라고 외쳤다. 더군다나 2004년, 노무현 정부가 탄핵 위기를 이겨내고 4대 개혁 입법안[7]을 내놓자 갈등은 더욱 깊어졌다. 특히 사학의 투명성과 공공성을 높이기 위한 개방형 이사제 도입 등의 사립학교법(이하 사학법) 개정은 한국 사립학교의 80%를 차지하고 있는 개신교 입장에서는 중대한 재산권 침해에 속했다. 신학자 김진호는 "마치 1940년대 중반 북한 정권이 토지 개혁을 주장하며 기독교의 재산을 빼앗아 간 것처럼 민주 정부도 교회의 영토인 미션 스쿨들을 침탈해 가는 것처럼 여겨졌다."고 평가한다. 그들에게 "민주화는

---

7) 4대 개혁 입법의 대상은 국가보안법, 사립학교법, 과거사진상규명법, 언론관계법이었다.

곧 공산화와 같았다."는 것이다.[8]

때마침 미션 스쿨의 학생에게 예배 선택권이 있는가를 두고 법적 공방도 함께 진행되었다. 학교를 중요한 전도의 도구로 생각하는 개신교 입장에서는 신경이 날카로워질 만한 일이었다. 탄핵 위기의 반전으로 열린우리당이 총선에서 압도적 승리를 거두고, 결국 사학법 개정안이 2005년에 국회를 통과했다. 이때부터 보수 개신교계는 사학법의 재개정을 목표로 삼고 한나라당과 손을 잡고 적극적으로 정권 퇴진을 외치게 된다.

사학법을 다시 되돌려놓기 위해 개신교계는 2006년 12월, 크리스마스를 나흘 앞두고 목사들과 사립학교 교장의 집단 삭발식까지 감행했다. 지역 교회에서는 국회의원들에게 내년 총선에서 낙선시키겠다는 협박까지 불사하며 사활을 걸었다. 이런 압력을 못 견디고 거대 여당이었던 열린우리당마저 무릎을 꿇고 마침내 2007년 7월, 사학법이 재개정되었다. 그리고 얼마 후인 10월, 법무부가 차별 금지법을 입법 예고했다.[9] 큰 위기는 가까스로 넘겼으나 교회에 불리한 법이 만들어지는 것에 가장 민감해 있던 바로 그때였다. 동성애와 개신교의 질긴 악연은 이렇게

---

8) 김진호, "'1990년' 이후 한국 개신교의 정치 세력화 비판—사회적 영성화를 위하여", *Korea Journal*, vol. 52, no. 3(fall 2012)의 한글 번역본(http://owal.tistory.com/335).

9) 차별 금지법은 노무현 정부의 선거 공약으로 국가인권위원회가 2003년부터 법안 준비를 했다. 약 4년간 각계의 의견 수렴과 검토를 받는 과정을 거쳤다. 법무부는 국가인권위원회가 만든 법안을 넘겨받아 입법 예고를 했다.

시작되었다.

차별 금지법을 '금지'한 효과

사실 처음에 개신교계는 차별 금지법을 별로 신경 쓰지 않았다. 사학법 문제가 해결되지 않았던 2007년 3월까지만 해도 '배아복제를반대하는과학자모임'의 길원평 교수가 주도하는 차별 금지법 반대 서명 운동을 지지한다는 간단한 논평 하나가 대표적 보수 단체인 '한국교회언론회'에서 나왔을 뿐이었다.[10] 하지만 10월에는 달랐다. 사학법 투쟁을 통해 기득권을 지키려면 정부의 입법 정책에 적극적으로 개입해야 한다는 것을 개신교가 절실하게 깨달은 직후였던 것이다. 법무부가 입법 예고를 한 것은 10월 2일이었다. '대한민국국가조찬기도회'에서 긴급 이사회를 열어 '동성애 조항 삭제 청원 팩스 운동'을 조직한 것이 10월 16일이었다. '세계성시화운동본부', '한일기독의원연맹', '한국기독교총연합회'뿐만 아니라 개신교 내 진보 단체인 '한국기독교교회협의회'(이하 NCCK)까지 이름을 올린 '동성애차별금지법안저지의회선교연합'이 10월 22일에 결성되었다. 곧이어 시민 단체를 표방하는 '동성애자차별금지법반대국민연합'도 꾸려졌다.

당시 보수 개신교계가 차별 금지법을 반대했던 논리를 살펴

10) 2000년 MBC 〈PD수첩〉에서 교회의 세습 문제를 보도하자 교계의 대표적 목사들이 방송국에 항의 방문을 했다. 이후 언론 대응의 중요성을 느끼고 '한국교회언론위원회'를 결성했고, 이 위원회가 2001년에 '한국교회언론회' 창립으로 이어졌다.

보자. 차별 금지법은 '반기독교적인 세력의 의도적이고 집요한 전략에 의하여 추진'되었으며 '교회나 기독교 교육 기관에서 동성애자 채용을 거부하거나 동성애를 죄라고 가르치면 도리어 범죄자'가 된다. 국가는 이런 탄압에서 시작해 '점차 교회를 장악하고 인사권이나 교육 내용, 재정권을 행사'할 것이며 이후 '동성 결혼 합법화와 입양 허용뿐만 아니라 인간 복제를 부추길 위험'까지 있기에 '악법의 제정을 막는 것이 기독교의 정치 참여'라는 것이 주장의 요지였다.[11] 여기에서 개신교의 지도자들이 안고 있는 신경질적인 두려움을 느낄 수 있다. 바로 정부가 교계의 이해 관계에 개입하는 것에 대한 거부감과 기득권이 해체될 것에 대한 두려움이다.

이런 거부감과 두려움을 어떤 불의의 세력이 개신교를 소멸시킬 의도로 계략을 짜서 공격하고 있다고 설명하면 개신교 전체의 위기로 포장된다. 그 '어떤' 세력이 왜 개신교를 없애려 하는지는 굳이 설명하지 않아도 되는데, 악마와 사탄, 적그리스도라고 지칭하면 그걸로 충분하기 때문이다. 그저 때에 따라 사탄이 빨갱이, 종북 좌파, 전교조, 통합진보당, 동성애자, 이슬람 심지어 교황으로 모습을 바꾸어 나타난다고 하면 설명이 완성되는 시스템이 이미 작동하고 있다.

---

11) 이상원 총신대 신학대학원 기독윤리학 교수가 2007년에 〈목회와 신학〉(두란노) 12월호에 쓴 '동성애를 포함한 차별 금지법의 진실'이 대표적인 글이다.

그리고 한 가지 더 눈여겨볼 지점은 원래 차별 금지법을 가장 반대했던 곳은 이 법에 의해 노동자의 채용과 해고에 제약을 받게 될 '전국경제인연합회'와 '한국경영자총협회'와 같은 재계였다는 점이다. 그래서 이 차별 금지법이 개신교계의 반대에 부딪친 것은 예상하지 못한 일이었다.[12] 차별 금지 사유에 포함된 '성적 지향'이 종교 탄압으로 확대 해석되었고, 개신교계는 필사적으로 법 제정을 막았고, 2007년부터 지금까지 수차례의 법안 발의가 모두 무산되었다. 그 결과가 지금까지 재계의 이익으로 남아 있는 것은 과연 우연일까.

'거룩한 혐오'가 탄생하다

왜 2010년, 다시 '반'동성애인가

신기하게도 이명박 정부가 시작된 이후 한동안 반동성애 활동은 잠잠했다.[13] 심지어 2008년에 치러진 18대 총선에는 한국 최초로 레즈비언으로 커밍아웃한 정치인 최현숙 씨가 국회의원 후

---

12) 2007년 10월, 입법 예고가 있은 후 어느 날 늦은 시각에 법무부에서 한국성적소수자문화인권센터로 전화를 했다. 법무부의 사무관은 동성애의 정당성을 보여줄 국내외의 자료를 급하게 달라고 요청했다. 차별 금지법 제정에 반대 의견이 있어서 자신들도 반박 자료를 준비해야 한다는 이유였다. 이를 보면 법무부도 개신교가 성적 지향이 차별 금지 사유에 포함된다는 이유로 반대할 것은 예상하지 못했던 것 같다. 마찬가지로 성적 소수자 인권 단체들도 당시엔 개신교가 이렇게 적극적으로 반대할 것이라고 생각하진 못했다.

보로 서울 종로구에 출마했지만 별다른 대응이 없을 정도였다. 그러다 갑자기 2010년이 되면 '바른성문화를위한국민연합'과 '선민네트워크'가 발족하고 신문에 반동성애 광고를 내기 시작한다. 2013년에는 '건강한사회를위한국민연대', 2014년에는 인터넷 방송국인 'KhTV'와 '탈동성애인권기독교협의회'가 조직된다. 이외에도 '에스더기도운동본부', '예수재단', '나라사랑&자녀사랑국민연대', 〈국민일보〉 등 반동성애 활동에 주력하는 단체들이 늘어나고 '어버이연합'과 같은 극우 단체들도 동참하기 시작했다. 2015년에는 주요 교단과 개신교 핵심 5개 단체가 뭉쳐 '한국교회동성애대책위원회'를 창립했고 대형 교회들도 동성애 반대 집회에 본격적으로 참여한다. 이제는 각 교단별로, 연합체별로, 지역별로, 신학대별로 반동성애 활동이 활발해지고 반동성애를 합리화하는 서적 발간과 전문가들로 구성된 연구 모임도 속속 생겨나고 있다. 그렇다면 이제 우리는 자연스럽게 "왜 2010년인가? 무엇이 다시 반동성애 활동을 촉발했을까?"라는 질문을 만날 수 있다. 흥미로운 이 과정을 추적해보자.

2008년과 2009년엔 반동성애 운동의 침체기나 소강기라기보다는, 단지 동성애에 신경을 쓸 겨를이 없었다고 하는 편이 정

---

13) '한국교회언론회'가 2002부터 2015년 11월까지 발표한 총 504건의 논평을 분석했다. 동성애와 관한 직접적인 논평은 2008년에 1건, 2009년은 0건, 2010년에 4건, 2011에 2건, 2012년 2건에서 2013년은 9건, 2014년에 11건이고 2015년에 16건이며 2016년에는 8월까지 이미 18건에 달한다.

확하다. 보수 개신교가 대응해야 한 사안들이 큰 사건으로 계속 터졌기 때문이다. 먼저, 2008년 4월에 있었던 총선에서 통일교가 '평화통일가정당'을 창당해 전국 245개 선거구 중 무려 238곳에 후보를 냈다. 개신교는 자신들이 이단으로 규정하고 늘 경계하고 있었던 통일교의 이런 움직임에 긴장하지 않을 수 없었다. 개신교의 경우에는, 반대 여론을 무릅쓰고 2004년에 독자적인 기독교 정당을 출범시켰으나 지역구 후보는 겨우 9명을 냈고 정당 득표율은 1.1%에 그쳐 한 명의 국회의원도 내지 못한 전력이 이미 있었다. 더군다나 선거 전 여론 조사에서 평화통일가정당의 원내 진출이 유력한 것처럼 보여 더욱 노심초사했다. 전광훈 목사 등이 앞장서서 '기독사랑실천당'을 창당해 대응에 나섰다.[14] 그리고 곧 '미국산 소고기 수입' 문제로 이명박 정부에 위기가 찾아왔다. 한기총은 또다시 대규모 기도회를 열고 "촛불집회를 중단하라"고 호소문을 발표하는 등 적극적으로 정부 감싸기에 앞장섰다. 이러는 와중에 (사실은 이미 예고된) 세 번째 큰 사건이 발생한다. 바로 불교계와의 갈등이다.

2008년 8월 27일, 좀처럼 볼 수 없었던 주제의 대규모 집회가 서울 광장에서 열렸다. 불교계는 '헌법 파괴 종교 차별 이명박 정부 규탄 범불교도 대회'를 열고 공직자들의 종교 차별과 불

---

14) 결론적으로 두 당 모두 원내 진출에는 실패했다. 정당 득표율은 기독사랑실천당이 2.59%, 평화통일가정당이 1.1%가 나왔고 지역구 출마자는 전원 낙선했다.

교 폄훼에 항의해 '종교 차별 금지법' 제정을 촉구했다. 이명박 대통령이 목사를 불러서 청와대에서 예배를 보고,[15] 정부가 만든 지도에 교회는 표시가 되지만 사찰은 전국의 유명 사찰들까지 모두 누락되고,[16] 급기야 조계사 총무원장 스님의 차량이 수색당하는 일까지 터지자 쌓였던 분노를 터트린 것이다.[17] 개신교는 불교계가 종교 차별 금지법 제정까지 요구하자 당황했다. 정부는 '국가 공무원 복무 규정' 내에 종교 편향 금지 조항을 추가하며 불교 달래기에 나섰다. 큰 위기감을 느낀 개신교는 템플스테이, 국립공원이나 문화재 지원과 같은 정부 예산을 핑계 삼으며 오히려 정부가 불교계에 더 치우친 종교 편향을 보인다며 역공격에 나섰다.

한편, 개신교 내부적으로도 큰 갈등이 있었다. 2009년 8월에 기독교계의 '유엔 총회'라고 불리는 세계교회협의회(World Council of Churches, 이하 WCC)의 2013년 총회 개최지가 발표되었다. 한국의 부산이 선정되자 개최를 준비했던 NCCK는 환호

---

15) 2008년 3월 16일에 김진홍 목사를 청와대로 불러 예배를 보자 불교계가 반발했다. 이에 다시는 예배를 보지 않겠다고 약속했으나 2009년 11월 8일에 다시 김진홍 목사가 청와대에서 예배를 진행했다. 김진홍 목사는 뉴라이트의 대표적 인물이다.
16) 국토해양부가 만든 '알고가' 교통 정보 지도에 교회와 성당만 표시되고 사찰은 누락된 것이 2008년 6월에 밝혀졌다. 8월에는 교육과학기술부가 만든 '교육 지리 정보 서비스'와 '학교 현황 서비스'에도 사찰은 모두 누락된 것이 알려졌고, 곧 27개 정부 부처에서 만든 모든 전자 지도가 같은 상태임이 밝혀지면서 논란이 증폭되었다.
17) 2008년 7월 29일에 조계사로 들어가는 조계종 총무원장인 지관 스님의 차량을 경찰이 의도적으로 검문하고 트렁크를 검색하는 사건이 발생했다.

성을 올렸지만 한기총은 'WCC문제대책위원회'를 결성하고 즉각 반대에 나섰다. 근본주의와 반공에 기반한 보수 교단들은 종교 다원주의와 공산주의까지 포용하는 WCC를 결코 용납할 수 없었다. 이미 '대한예수교장로회'가 WCC 가입 여부를 두고 1959년에 '통합총회'와 '합동총회'로 쪼개졌을 만큼 민감한 사안이었다. 반대파들은 WCC를 가리켜 한국 교회를 죽이고 공산주의를 조장하는 적그리스도라며 비난했다. WCC 총회 개최를 반대하는 기도회나 전단지에도 어김없이 '에이즈'와 '남자 며느리' 운운하는 문구들이 등장했다. WCC를 잘 모르는 사람들에게는 동성애를 옹호하는 정신 나간 종교 단체로 설명하는 것이 더 효과적이기 때문이다.

더군다나 2009년 말에 한국의 대표적 대형 교회인 '사랑의 교회'가 예배당 증축 계획을 발표하면서 개신교의 탐욕스런 성장주의를 비난하는 목소리가 한층 높아졌다.[18] 3천억에 달하는 건축 비용과 건축 허가를 받는 과정에서의 불법, 그리고 무리하게 이를 진행한 오정현 목사의 논문 표절까지 연이어 추문이 터졌다. 엎친 데 덮친 격으로 한창 주가를 올리고 있던 스타 목사의 성추행 사건도 폭로되었다. 떨어질 대로 떨어진 개신교의 이미지를 되살리기 위해서는 철저한 반성과 쇄신이 필요한 상황이었

---

18) 오정현 목사는 교회 증축에 대한 비난이 일자 그 땅을 우리가 안 샀으면 통일교가 샀을 것이라며 잘한 일이라고 설교했다. '이단'으로 지목하는 공동의 적이 필요한 이유는 바로 이런 모든 일들을 합리화하기 위한 것이기도 하다.

다. 하지만 보수 개신교 지도자들의 선택은 달랐다. 그들은 국면을 전환하기 위한 더 강력한 '외부의 적'을 만들기로 했다. 그리고 마침내 그 '적'을 찾아냈다.

2010년 3월부터 11월까지 SBS 주말 드라마로 김수현 작가의 〈인생은 아름다워〉가 방송되었다. 제주도를 배경으로 하여 3대가 함께 사는 대가족의 갈등과 화해를 다루었는데 한국 드라마 사상 최초로 남성 동성애자가 주인공으로, 그리고 커플로, 또한 극중에서 사랑을 나누고, 부모에게 커밍아웃을 하고, 가족이 그들을 받아들이는 설정으로 등장해 화제가 되었다. 특히 여타의 게이 캐릭터가 여성스러운 몸짓과 목소리로 웃음을 유도하는 감초 역할이었거나 자살로 비극을 맞았던 것과 달리 〈인생은 아름다워〉에서는 의사와 사진 작가의 사랑을 애틋하게 그려냈다. 하지만 한국에서 가장 유명한 드라마 작가가 공중파 방송에서 동성애를 너무나도 '이성애와 다를 바 없이' 감동적으로 그려낸 것에 '위기감'을 느낀 이들도 있었다.[19] 그리하여 2010년 9월 29일, 역사상 유례가 없는 기상천외한 광고가 신문에 실리게 된다. 이제 막 설립된 '바른성문화를위한국민연합'이 주도하고 수십 개

---

19) 대표적인 반동성애 운동 단체 중 하나인 '에스더기도운동본부'의 홈페이지 게시판을 봐도 알 수 있다. 2007년 차별 금지법 제정을 열심히 반대했지만 2008년과 2009년에는 동성애와 관련하여 별다른 활동이나 관심을 보이지 않았다. 그러다 2010년이 되면 다시 관련 글이 폭증한다. 이는 2010년 3월에 방영을 시작한 〈인생은 아름다워〉에서 동성애 스토리가 본격화되기 시작한 5월부터다.

의 유사 단체가 연명한 "〈인생은 아름다워〉 보고 '게이'된 내 아들 AIDS로 죽으면 SBS 책임져라"라는 제목의 성명서였다.

이어 10월 27일에 또 한 번 큰 계기가 생긴다. 국가인권위원회가, 남성 간 성행위를 계간(鷄姦)이라고 지칭하고 상호 동의하에 이루어진 성행위를 성폭력과 동일하게 다루는 군형법 제92조에 대해 위헌 소지가 있으니 개정하라는 권고안을 헌법재판소에 내기로 결정한 것이다.[20] 하위 법의 조문이 헌법에 어긋나는 부분이 있는지가 핵심인 사안이었지만, 반동성애 운동 측은 초점을 바꾸어 군대에 동성애를 허용하면 군대 기강이 무너지고 전투력이 약해져 북한에만 유리해지고 결국 적화 통일이 될 것이라며 안보 문제와 결합시켰다. 이를 계기로 '대한민국어버이연합' 등도 반동성애 대열에 본격 합류하게 되었다.

'거룩한 혐오'의 탄생과 정치 세력화

돌이켜보면 2010년은 반동성애가 '부흥'할 수밖에 없었던 조건이었다. 보수 개신교가 전통적으로 가장 민감해하는 모든 영

---

20) 2008년에 육군 22사단 보통군사법원이 헌법재판소에 계간 및 기타 성추행은 징역 1년 이하에 처한다고 명시한 군형법 제92조에 대해 위헌 법률 심판 제정을 했다. 군대 내뿐만 아니라 휴가를 나온 사병의 사생활까지도 처벌할 수 있는 법이었고 동성 간 성폭력이 아니라 동성 간 성행위 자체를 범죄시한다는 점에서 죄형 법정주의의 명확성 원칙을 위배하고 있고 동성애자들의 성적 자기 결정권 및 사생활의 비밀과 자유를 침해할 소지가 있다는 이유였다. 이 법률은 2011년과 2016년에 합헌 결정이 났다. 하지만 인권 침해 요소로 인해 유엔자유권위원회의 폐지 권고를 받고 있는 대표적인 법 조항이기도 하다.

역에서 이슈가 터졌다. 방송과 군대 외에도 앞서 4월에는 대법원에서 미션 스쿨에서의 종교 교육이 위법하다는 최종 판결이 나왔다. 개신교 기반의 사립학교에서는 이를 종교 탄압으로 받아들였다. 또 9월에는 서울행정법원에서 동성애자가 주인공으로 등장하는 단편 영화 〈친구사이?〉에 영상물등급위원회가 내린 청소년 관람 불가 판정이 부당하다는 판결이 나왔다. 이런 판결들로 불안감이 높아지던 중에 법무부가 이미 2월부터 '차별 금지법 제정을 위한 특별분과위원회'를 만들어 법안 준비를 해 왔다는 걸 뒤늦게 알게 된다. 긴급하게 법무부 청사 앞 시위와 항의 전화, 홈페이지 반대 글 도배 등을 조직했고, 두 달간 민원에 시달린 법무부는 결국 법안 제정을 포기한다. 법무부의 항복 선언을 받은 날, '에스더기도운동본부'는 공지 게시판에 "동성애가 합법화되지 않은 거룩한 선진 한국, 선교 한국, 기도 한국이 되기 위해" 모두가 함께 애를 쓴 결과이며 주님께 감사드린다는 글을 올리기도 했다.[21] 신의 이름으로 선동되는 이토록 '거룩한 혐오'는 이 땅의 기독교인에게 부여된 위대한 역사적 사명을 환기하기에 충분했다. 너무나도 많은 내부 문제를 덮어버리기 위해 시작된 '거룩한 혐오'는 이제 다시 멈출 수 없는 길로 들어섰다.

2011년에는 세 가지 큰 정치적 쟁점이 있었다. 학생인권조례

---

21) 에스더기도운동본부 홈페이지(www.pray24.net)의 공지사항 게시판, 2010년 12월 29일 게시글, "〈동성애 차별 금지법〉 법무부 입법 않기로".

와 무상급식 주민 투표, 이슬람 금융 과세 특례법이다. 특히 서울시 학생인권조례 제정 과정을 살펴보면 흥미로운 점을 발견할 수 있다. 서울시 교육청은 2011년 9월 20일에 서울학생인권조례 설명회를 열었다. 조례의 초안을 만든 '학생생활지도정책자문위원회'는 차별 금지법 제정 때 있었던 논란을 피하기 위해 일부러 '성적 지향'과 '성별 정체성'을 차별 사유에 포함하지 않았다. 그렇다면 이 작전은 성공했을까? 아니다. 여전히 보수 개신교 측은 조례 제정을 반대했는데, 이유는 청소년의 임신과 출산의 권리를 인정한 점과 종교 교육을 무력화한다는 점이었다.[22] 하지만 이후 조례 내용에 다시 성적 지향이 포함되자 학교에서 아이들에게 항문 성교를 가르치게 하는 법안이라고 집중 공격을 하며 반대했다. 결국 아슬아슬하게 시의회에서 성적 지향이 포함된 채로 서울학생인권조례가 통과된 후 나온 한국교회언론회의 논평은 개신교를 억압하기 위해 종교 교육을 금지하는 조례가 제정되도록 불교계가 배후에서 조종했다는 어이없는 내용이었다. 이들이 조례를 반대한 진짜 이유는 어디에 있을까? 동성애 혐오를 선동하는 지도자와 그 혐오에 기반해 시위와 기도회 등에 참여하는 사람들의 목표는 과연 같은 것이었을까?

오세훈 서울시장이 시장직을 걸 만큼 무상급식 논쟁이 뜨거웠

---

22) 한국교회언론회, '서울학생인권조례 초안에 나타난 문제점', 2011년 9월 20일자 논평.

을 때 대형 교회에서 신도들에게 '무상급식 반대 투표를 하지 않으면 동성애자가 확산된다'는 문자를 돌린 일도 있었다. 이때 교회가 진심으로 걱정했던 것은 동성애 확산이었을까, 아니면 무상급식이었을까? 아마도 둘 다 아니었을 것이다. 오세훈 시장은 투표에서 이기기 위해서 개신교의 도움을 적극적으로 요청했고 서울 시내의 이름난 대형 교회들이 선거법을 위반하면서까지 무상급식 반대와 주민 투표를 독려하는 설교를 하는 등 오세훈 시장을 적극적으로 지지했다. 정교 분리가 헌법에 명시된 국가에서 개신교는 왜 정치 개입을 마다하지 않을까? 같은 해, 정부가 해외 자본을 유치하려는 목적으로 수쿠크(Sukuk)법, 즉 이슬람 금융 과세 특례법을 제정하려 했지만 이 역시 무산되었다. 조용기 목사가 이 법을 통과시키면 대통령 하야 운동을 펼치겠다고 발언을 해 큰 논란이 불거지기도 했다. 경제적 논리로 따져야 할 부분까지 종교적 논리를 들이대며 모든 것을 개신교의 이해 관계에 맞추려고 한 것이다.

이는 기독교 정당의 흐름만 살펴보아도 확연히 드러난다. 2004년에 조용기 목사, 김준곤 목사 등 개신교계의 대표적 인사들이 모여 창당한 한국기독당은 '한미 동맹 강화, 자유민주주의 이념 수호' 등을 당의 기조로 내세웠다. 2008년, 전광훈 목사가 주도한 기독사랑실천당은 노골적으로 기독교 국가 건설을 천명하며 자유주의와 시장 경제, 그리고 '반'통일교에 몰려 있었다. 이때까지 강령이나 주요 정책에 동성애에 대한 언급은 전혀 없었다. 하지만 2012년 선거에 참여한 기독자유민주당은 친북 좌파 척결을 당의 주요 정강으로 삼았고 동성애법 반대와 함께 수쿠크법 제정, 그리고 불교계에만 혜택을 준다는 이유로 자연공원법 개정 반대를 내걸었다. 2016년 총선에서 기독자유당은 아예 '동성애, 이슬람, 반기독교 악법 저지'를 핵심 구호로 내세웠다.[23]

통일 대박과 '공동의 증오'의 필요성

왜 2014년, 퀴어문화축제가 표적이 되었는가?

놀랍게도 보수 개신교의 타락은 아직 끝을 보이지 않았는데,[24] 2010년 말부터 한기총 대표 선출을 앞두고 후보들이 서로를 고발하는 혼탁 양상을 띠었다. 급기야 2011년 1월에는 그동안 한기총의 대표 회장 선거에 수억 대의 돈이 오갔다는 사실이 폭로되었다. 교계 내에서 '한기총 자진 해체'를 요청하는 목소

---

23) 20대 총선에 나온 기독교 정당은 총 3개로 기독민주당, 기독자유당, 대한진리당이었다. 개신교 기반이라는 점에서는 같으나 기독민주당은 무상 교육 지지, 사드 배치 반대, 핵무장 보유를 주장한다는 점에서 기독자유당과 완전히 다르다. 기독민주당은 북한의 핵 위협에서 벗어나기 위해 우리도 핵무기를 가져야 한다고 주장하고, 기독자유당은 미국과의 동맹을 강화해서 안보도 강화하자고 주장한다. 세월호 불법 농성 퇴치를 공약으로 내건 대한진리당까지 지향점이 달라 보이는 이 세 당의 공통점은 반(反)동성애와 반(反)이슬람에 있다. 20대 총선에서 기독자유당은 2.64%를 득표했고 기독민주당은 0.5%을 득표해 역대 선거에서 가장 높은 득표율을 보였다.
24) 이 부분은 다음 책을 참조하라. 곽영신, 《거룩한 코미디 - 한국 교회의 일그러진 맨얼굴》, 오월의봄, 2015.

리도 높았지만, 이에 아랑곳없이 회장 선출 과정에서 편법은 더욱 늘어났다. 설상가상으로 '이단 해제' 문제까지 터졌다. 한기총의 신임 회장이 오래전부터 이단으로 규정되었던 몇몇 교단들을 갑자기 이단에서 해제하고 회원으로 받아들인 것이다. 돈 때문이라는 소문이 돌았다. 결국 이단 해제를 둘러싼 내부 대립으로 2012년에 한국교회연합(한교연)이 분리 발족되어, 한기총은 둘로 쪼개지게 된다. 2013년에는 역시 같은 이단 문제로 국내 최대 교단인 '대한예수교장로회합동'마저 한기총과 결별을 선언한다. 1989년 이후로 보수 개신교계의 상징적 대표로 기능했던 한기총이 각자의 이해관계 속에서 조각나버린 것이다.

그러나 이런 분열의 늪에 빠지면서도 WCC 총회 개최 반대 운동은 수그러들지 않고 오히려 더 거세졌다. 총회 개최 시기가 다가올수록 반대 집회의 규모도 커졌다. 전국의 대형 교회들은 버스를 대절해 신도들을 부산으로 보내기도 했다. 심지어 2013년 10월, WCC 총회 개최 기간 내내 총회장 밖에서는 주최국의 기독교인들이 WCC 참석자들에게 저주를 퍼붓는 부끄러운 모양새의 기도회가 열렸다. 전 세계 종교인들에게 WCC를 둘러싼 한국 개신교 내부의 갈등이 고스란히 노출된 것이다. 그 결과 2014년 2월, 한국 복음주의 교회의 내부 분열을 탓하며 보수 기독교계의 연합 기구인 세계복음주의연맹(World Evangelical Alliance)은 그해 10월로 예정했던 서울 총회를 무기한 연기하겠다고 발표한다. 사실상 취소한다는 의미이니 국제적 망신이 아닐 수 없었다.

이어 2016년에 개최 예정되었던 '그리스도교 교회 세계 대회'도 취소되었다. 역시 한국 그리스도교 교회 사이의 분열이 그 이유였다. 이쯤 되면 자성의 분위기가 나타날 법도 한데, 안타깝게도 폐쇄성과 독단, 그리고 공격성이 강화되는 방향으로 흘러갔다.

WCC 총회를 반대하던 이들은 망설임 없이 2014년 8월로 예정된 프란치스코 교황의 한국 방문을 반대하는 '로마가톨릭&교황정체알리기운동연대'로 전환했다. 이번엔 가톨릭은 이단이며 교황은 적그리스도라고 규정짓고 연일 반대 집회를 열었다. 불이 붙은 아궁이에 땔감이 끊임없이 있어야 하듯 어렵게 모은 세력을 유지하기 위해서는 계속 '반대할 거리'들이 필요한 법이다. 종교 행사는 집회 신고를 하지 않아도 되기에 이들은 거리에서 목소리를 더욱 높였다.

여기서, 한 가지 더 살펴볼 것이 있다. 기독교인이 아닌 사람들에게는 생소한 이슈겠지만 기득권에 집착하는 보수 개신교계를 긴장시키는 내부의 움직임 중의 하나로 '한국 그리스도교 신앙과 직제 일치 운동'이 있다. 이 운동의 핵심은 오랫동안 분열만 거듭해 온 기독교의 지난 역사를 반성하고 내부적인 친화성을 높이자는 것이었다. 하지만 한기총 등의 보수 개신교계는 '신앙과 직제 일치'라는 단어를 천주교가 개신교를 인수 합병한다는 의미인 양 왜곡 선전하여 신도들에게 위기감을 자아냈다.[25] 교황이 방한하기 직전인 2014년 5월에 한국천주교주교회의, 한국정교회, NCCK가 함께 '한국 그리스도교 신앙과 직제협의회'

를 정식 창립하기로 하자 더 강하게 반발했다.

이렇게 보면, 2014년 6월에 열린 퀴어문화축제의 퍼레이드가 15년 만에 처음으로 보수 개신교의 조직적인 방해를 받게 된 연유도 어렴풋이 눈치챌 수 있다. 당시 퀴어 퍼레이드를 반대하던 이들이 들었던 피켓의 내용 중에는 "세월호 선장=NCCK 목사/동성애 퀴어 음란죄=가톨릭과 신앙 일치, 배도죄"가 있었다. 결국 필요한 건 '땔감'이었던 것이다. 교황이 다녀간 이후 이들은 '나라사랑&자녀사랑운동연대'라는 단체명으로 이제 동성애 반대 활동에 주력한다. 2015년에 열린 퀴어 퍼레이드에 반대하는 맞불 집회에서 그들이 외친 주요 구호는 "피땀 흘려 세운 나라 동성애로 무너진다"였다.

북한 선교와 공동의 증오

신앙에 어긋나는 일은 종교가 아니라 이제 정치적 긴급 의제가 되었다. 2013년에 '통합진보당'을 둘러싼 종북 논쟁이 뜨거웠을 때 종북 좌파와 동성애를 엮어서 '종북 게이' 같은 신조어가 만들어졌다. 2015년에는 급기야 좌파의 여러 종류 중에서 동성

---

25) 한국 개신교는 이미 가톨릭에 대한 반감을 정치적으로 활용한 바가 있다. 1956년 부통령 선거에 천주교 신자인 장면 후보를 낙선시키기 위해 "가톨릭 교인이 부통령이 되면 나라를 바티칸에 팔아먹을 것"이라는 유언비어를 조직적으로 퍼트렸다. 그랬는데도 결국 장면이 부통령이 되자 1960년 선거에서 이승만은 이기기 위해 노골적으로 천주교 억압 정책을 펼친다. 이 역사에 대해서는 강성호, 《한국 기독교 흑역사》, 짓다, 2016를 추천한다.

애자는 '더러운 좌파'에 속한다 같은 언설까지 등장한다. 1950년
대에 미국에서 동성애와 공산주의를 연결시키는 '매카시 광풍'
의 전례가 있긴 하지만 2010년대 한국에서 이 낡은 선동이 재등
장한 이유는 무엇일까?

대중을 선동하는 이런 교란 작전에 휩쓸리지 않고 보수 개신
교의 진짜 관심사가 어디 있는지를 살펴보면 우리는 의외로 "북
한 선교'라는 네 글자와 만날 수 있다. 김진호는 1990년대에 "교
회가 위기 의식에 사로잡히는 대신 체제 전복적인 북한 선교 담
론으로 자긍심과 우월감을 만끽"했다고 분석한다.[26] 북한에도
형식적이라고 하지만 교회도 있고, '조선그리스도교련맹'도 있
다. 하지만 한기총은 1995년에 '북한교회재건위원회'를 조직해
북한에 3천여 개의 교회를 재건할 전략을 세우고, 교단끼리의
경쟁과 혼란을 피하기 위해 아예 교단별로 재건할 교회를 할당
하는 밑그림까지 그렸다. 2006년에 설립된 '북한교회세우기연
합회'는 통일 후 10년 안에 3천 개의 교회 재건 외에도 1만 2천
개의 교회를 새로 개척한다는 계획을 2014년에 발표하기도 했
다.[27]

박근혜 대통령의 2014년 신년사 내용은 '통일은 대박'이었다.

---

26) 김진호, "'1990년' 이후 한국 개신교의 정치 세력화 비판 – 사회적 영성화를 위하
여", *Korea Journal*, vol. 52, no. 3(fall 2012)의 한글 번역본(http://owal.tistory.
com/335) 참조.
27) 김홍수, '한국 개신교의 통일 선교 운동', 〈불교평론〉 60호, 2014년.

선교의 차원에서 보자면, 북한은 하나님의 말씀이 제대로 전해지지 않은 지구상의 거의 유일한 땅으로 '선교 대박'의 기회다. 특히, 해방 후 독실한 신앙인이었던 이승만 대통령과 함께 개신교가 대한민국 건국의 역사를 쓴 것처럼 통일 정부 건립도 개신교가 확실하게 주도해야 한다는 사명감이 높다. 또 통일 대박을 위해서 개신교는 (수많은 차이에도 불구하고) 하나로 뭉쳐야 하고, 타종교와 관계도 확실하게 정리해야 하며, 통일이 되는 과정에서 주도권도 쥐어야 한다.

동성애는 죄이고, 윤리적 타락이고, 도덕적 방종이며, 멸망의 징조라는 주장은 우국충정이나 경건한 신앙심의 발로가 아니라 정치적 수사일 뿐이다. 열정적인 반동성애 활동의 목적은 정말 동성애자를 없애는 것이 아니라, 공포와 혐오를 통해 세력을 넓히는 데 있다.

반동성애 운동을 이끄는 목사들은 동성애자가 교회를 없애려고 한다는 주장을 한다. 실제로 동성애자가 반기독교 운동을 펼치거나 교회를 공격하는 일이 없음에도 불구하고, 교회를 공격하고 싶어 하는 '외부인'을 상상하는 것만으로도 곧 교회에 '고난'이 닥쳐온 것으로 설정할 수 있다. 그리고 이 '고난'은 어쩌면 신께서 우리를 '시험'하시는 것일 수도 있다. (하나님의 시험 과목이 소돔과 고모라의 경우처럼 동성애라는 타락한 성 윤리일 가능성이 높다고 설명하면 더 그럴싸해진다.) 이 시험을 잘 통과하면, 고난을 극복한 대가로 신께서 더 큰 '선물'을 주실 거라는 설정이 추가

되면 이제 무조건적인 내부 단합의 명분이 완성된다.

고난을 극복하자는 이러한 목표 제시는 언뜻 내부 분열을 봉합하는 역할을 하는 것으로 보이겠지만 실제로는 내부의 부패와 부조리, 모순을 은폐하는 역할을 한다. 어느 것부터 관심을 두어야 하는가에서 우선순위를 바꾸어버리는 것이다. 교회 세습과 담임 목사의 전횡, 횡령, 금권 선거 등 비민주적 조직 체계, 여성 목사 안수 불허 등 교회 내 성차별과 성직자들의 성폭력 문제 등을 거론할 틈이 없어진다. 하나님이 선택하신 민족이라는 선민 사상은 이런 문제들을 내부의 사소한 것으로 만든다. 비록 '개독교'라는 사회적 지탄을 받더라도 이는 사탄의 계략이며 음모일 뿐이고 한국은 (유대 민족처럼) 하나님이 선택한 민족이고, (기독교는 위대한 미국뿐만 아니라 유럽에서도 실패했지만) 세계를 구원할 최후의 병기로 하나님께서 쓰실 것이므로 개신교인들은 신께서 주신 역할을 완수한다는, 더 큰 '보상 심리'를 작동시키기 때문이다.[28]

2010년부터 깊어진 보수 개신교계의 내부 갈등은 서로 치열

---

28) 개신교의 위기 담론에 대한 또 다른 분석은 정시우의 논문을 참고할 수 있다. 정시우는 "개신교회 위기 담론의 특징으로 개인의 종교적 각성을 촉구할 뿐 교회가 감당해야 할 사회적 책임에 대해서는 언급하지 않는다."는 점을 지적한다. "개신교회가 사회적인 지탄을 받는 이유는 교인 개개인이 윤리적 삶을 살지 못하고 교회가 세속적 기준에 물들었기 때문"이라고 보기 때문에, 필연적으로 신앙은 점점 보수화된다. 정시우, 〈한국 퀴어 장의 형성 – 보수 개신교회, 시간성, 감정을 중심으로〉, 연세대학교 대학원 문화학협동과정 석사학위 논문, 2015.

하게 싸우다가도 동성애라는 키워드 앞에서는 하나로 봉합되었다. 이단 문제로 협의체를 탈퇴할 정도로 단호한 입장을 보이지만 동성애 반대 성명서에는 자신들이 이단이라고 지목한 곳과도 이름을 나란히 올린다. 정치적 계산이 다르면서도 한기총과 한교연은 겉으로는 동성애 문제를 해결하기 위해서 다시 합쳐야 한다는 명분을 서로 내세운다. 전철역 명칭에 봉은사가 들어가는 것은 반대하면서도 반동성애를 외칠 때는 불교계 쪽에도 손을 내민다. 동성애는 여기서 '공동의 증오'로 기능한다.

에릭 호퍼가 쓴 《맹신자들》에서 공동의 증오에 대한 전례를 보자. 히틀러가 반유대주의를 이용한 것은 독일인을 단합시키기 위해서만이 아니라 이미 유대인을 증오하는 문화가 존재했던 폴란드와 루마니아, 헝가리의 결연한 저항을 약화하려는 의도가 있었다. 공동의 증오는 바로 이질적인 구성원들을 결합시키기 때문이다. 이렇게 본다면, 보수 개신교에게 중요한 것은 이 공동의 증오를 이끄는 지도자의 위치에 서는 것이 아닐까. 자신의 결점은 감추고 사회적 지배력과 정치적 영향력을 높일 수 있는 위치 말이다.

동성애라는 훌륭한 적과 식어버린 인두

왜 동성애 반대가 교회의 사명이 되었는가

이런 위기 관리 전략은 지난 역사에서 계속 반복해 사용되었기에 새삼스럽지도 않다. 한국 근현대사 속 개신교에 대한 연구는 그동안 꽤 축적되었고 몇 가지 사실은 분명해졌다. 개신교가 일본 제국주의에 순응해 신사참배를 결의했고, 전쟁 군수 물자를 만드는 헌금을 기꺼이 냈으며, 수천 회에 달하는 일본의 전쟁 승리를 위한 기도회를 열었던 부끄러운 '사실'들 말이다.[29] 일제 시대에 특히 개신교는 남한보다는 북한에서 교세가 더 빠르게 성장했다. 해방 후 1946년에 북한을 장악한 공산당이 '토지 개혁'을 실시하자 평안도와 황해도 일대의 개신교인이 대거 남하했다.[30] 재산을 몰수당하고 고향을 떠나와 공산당에 대한 증오로 불탄 이들 중 일부가 만든 단체가 바로 '서북청년단'이었다.[31] 김구 암살과 제주 4·3 사건에서 드러나다시피 이들은 '반공'을 외치며 이승만 정권을 위한 정적 암살과 민중 학살에 앞장섰다.

---

29) 이 모든 역사에 대해서는 강성호의 책을 참고할 수 있다. 대한예수교장로회는 1938년 총회에서 신사참배를 결의했는데, 총회에서 결의하기 이전부터 23개 노회 가운데 17개 노회가 이미 신사참배를 실행하고 있었다고 한다. 특히 평남 지역 3개 노회는 평양에 새로운 신학교를 설립하기 위해 오히려 신사참배를 주도하기도 했다. 물론, 신사참배를 끝까지 거부하고 감옥에 투옥되거나 순교한 이들도 많았다. 해방 이후 출옥한 성도들이 모여 따로 만든 교단이 현재의 '고신'이며 이것이 대한예수교 장로회의 첫 번째 분열이었다. 강성호, 《한국 기독교 흑역사》, 짓다, 2016.

30) 해방 당시 북한 지역에 20만 명의 개신교인과 1,500개의 교회가 있었다고 한다. 1945년에서 1951년까지 월남한 개신교인은 북한 지역 개신교인의 35~40%인 7~8만 명 정도로 추정된다. 여기에는 목회자와 신학생들이 많이 포함되어 있었던 것도 특징이다. 이 부분은 앞서 소개한 강성호의 책을 비롯해 백중현, 《대통령과 종교》, 인물과사상, 2014 참조.

31) 서울의 '영락교회' 청년들이 서북청년회를 주도했다는 기록이 있다. 이 영락교회는 대표적인 월남 목사인 한경직 목사가 세운 교회다. 강성호, 《한국 기독교 흑역사》, 113쪽.

월남한 목사들은 정부로부터 적산불하를 받아 교회를 세웠다. 이 교회들이 현재까지 한국의 주요 대형 교회인 것은 우연의 일치가 아니다. 이승만의 부정 선거에 협력하고, 박정희 독재에 협력해 유신 헌법을 찬양했고, 전두환 장군을 위해 기도회를 올렸던 역사적 '사실'들과 함께 분석해야 할 필연적 결과일 뿐이다. 지금도 독립 선언을 한 민족 대표 33인 중에 개신교인이 몇 명이었는지를 강조하며 교과서 개정을 요구하고, 재임 시절 개신교에 엄청난 특혜를 줬던 이승만 대통령을 건국의 아버지로 치켜세우는 기념 사업에 열중하는 이유도 마찬가지다. 부끄러운 과거를 덮어버리고 기득권을 유지하기 위해 보수 개신교는 자신들의 시대적 사명을 '반공'과 '친미'에 두었다. 그렇게 사반세기를 지나왔고 공동의 증오와 공동의 적으로서 활용해 왔던 '빨갱이'도 예전에 비해서 점점 그 '약발'이 떨어지고 있다. 그럼 이제 이들의 '사명'은 무엇이 되어야 할까?

우리는 한국의 개신교가 근본주의에 기반해 있다는 것을 간과해서는 안 된다. 그리고 "근본주의에서 가장 근본적인 것이 사실상 젠더 이데올로기"였다는 강남순 교수의 지적도 기억해야 한다.[32] 신학자 잭 로저스는 "남녀 평등을 반대하는 것과 동성애를 반대하는 것 사이에는 강한 연결고리가 있다. 종교적 보수주의자들은 가부장제 가족 구조를 교회와 국가의 안정에 열

---

32) 강남순, '종교 근본주의 담론과 젠더', 〈신학사상〉 123집, 2003년 겨울.

쇠가 되는 것으로 본다. 이런 견해에서 가부장제와 애국심과 기독교는 하나의 깃발 아래 뭉치며, 그 깃발은 동성애에 대한 모든 논의 위에서 휘날린다. 동성애와 여성 평등은 둘 다 남성 우위의 모델을 위협하는 것으로 간주되며, 확대하면 교회와 국가에 위협이 되는 것으로 간주된다."라고 지적한 바 있다.[33]

그들은 세상이 불평등하다는 것 자체를 인정하지 않는다. 이미 충분히 평등하다. 창조주께서 그렇게 다 계산해서 만들어놓으신 질서이기 때문이다. 그러므로 무리하게 차별 철폐를 요구하는 무리들은 기존 질서를 깨려는 반란자들이고 자신들은 평화와 정의를 수호하는 위치가 된다. 반동성애 단체들의 이름을 보아도 알 수 있다. '건전한 사회' 또는 '올바른 성 문화', '홀리라이프', '차세대 바로 세우기' 등이다. 더욱 철저하게 가족 중심적으로, 결혼 중심적으로 돌아간다. 1970년대 미국의 근본주의 개신교가 보수 우파 정권을 탄생시키기 위해 활용했던 이슈는 '낙태'였다. 하지만 남아 선호로 인해 여아 낙태가 횡행했고, 경제 개발이란 목표로 정권 차원에서 인구 억제 정책을 펼친 탓에 한국에서는 미국처럼 임신 중절에 대한 터부를 지나치게 강조하기는 어렵다. 이혼도 마찬가지다. 더군다나 목사들의 성폭력 사건이 끊임없이 폭로되는 현실에서 가족과 결혼의 가치를 내세우면서도 안전할 수 있는 전략은 바로 '동성애 혐오'다. 그들에게

---

33) 잭 로저스, 《예수, 성경, 동성애》, 조경희 옮김, 한국기독교연구소, 2015.

동성애는 자신들의 폐부를 찌를 수 있는 '성 윤리'의 칼날을 피하면서 '성 윤리'의 수호자 위치를 획득하도록 해주기 때문이다. 동성애를 완전히 타자화하면서 가장 적극적으로 반대하는 정의와 윤리의 수호자 위치를 독점할 수 있다. 대표성을 지니는 것은 중요하다.

　대한예수교장로회 백석 교단과 대신 교단이 통합하면서 발표한 성명서에는 동성애 및 차별 금지법 제정 반대, 종교인 과세, 이슬람 확산, 역사 교과서 왜곡에 반대하는 내용이 담겨 있다. 기독교대한감리회는 2015년 12월 31일에 교인이나 목회자가 해서는 안 되는 범죄 항목으로 "음주, 흡연, 마약법 위반과 도박 및 동성애를 찬성하거나 동조하는 행위를 하였을 때"와 "부적절한 결혼 및 부적절한 성관계(동성 간의 성관계와 결혼을 포함)를 하거나 간음하였을 때"는 정직, 면직 또는 출교까지 할 수 있도록 장정(교회헌법)을 개정했다. 동성애를 찬성하는 행위만으로도 징계가 가능한 법을 굳이 만드는 것은 무슨 의미일까. 이 법은 총회에서 제대로 된 논의조차 없이 만들어졌다. 종교가 인간들에게 왜 존재하는지에 대한 질문이 사라졌다. 이젠 목사를 위해서 교회가 존재하고, 교회를 위해서 종교가 존재하고, 종교를 위해서 신이 존재하는 지경에 이르렀다.

　그러나 이 모든 것은 자가당착이 될 수밖에 없다. 동성애를 계속 지워버리려 하지만, 가장 절실히 동성애를 필요로 하는 곳 역시 개신교다. 이들이 감추고 있는 진실 중에 하나는 동성애자가 직접적으로 교회의 위협이 되지는 않는다는 점이다. 저출산은 한국뿐만 아니라 전 세계적인 흐름이고, 결국 인구의 감소로 자연히 줄어들 수밖에 없는 교인의 수를 충당하려면 결국 동성애자라도 교인으로 받아들이는 때가 올 수밖에 없다. 만약 언젠가 차별 금지법이나 동성결혼 법제화 등이 이루어지게 된다면 그동안 반동성애를 내세운 교계는 실패의 대가로 교세 약화와 그 책임에 따른 찬반 진영의 명백한 분리를 겪게 될 것이다. 또 한편으론 사랑의 종교로 성공했던 기독교가 점점 차별과 혐오의 종교가 되어 간다는 부담도 커지고 있다. 이에 대비해 보수 개신교 내부에서는 전략을 바꾸어야 한다는 이야기도 나오고 있다. 종교색이 드러나지 않도록 반대 운동의 주체를 교회가 아니라 '시민 단체'로 바꾸자는 것이다. 그렇다면 그 시민 단체의 운영비는 과연 어떻게 조성이 될까? 그 운영비의 투명성은 어떻게 보장이 될까? 반동성애 단체들끼리 경쟁도 생겨날 텐데 그 운동의 책임과 뒷감당은 누가 하게 될까? 이 과정의 결과가 무엇으로 나타날지는 아직 알 수 없지만 부정부패, 권력 다툼과 내부 갈등 등 혼탁한 미래를 예측하기란 어렵지 않다.

혐오의 정치에 포획되지 않는 질문

동성애를 사랑이나 삶, 정체성이 아니라 성행위로만 다룰 때 정희진의 지적대로 간단하게 사회적 통념에 따라 도덕적 비난거리가 된다.[34] 그리고 정치적 우위를 차지하고자 할 때 도덕적이고 윤리적인 우월성을 들이대는 것은 흔한 수법이다. 평소에는 자연스럽게 공존하다가도 정치적 필요에 의해 존재는 사라지고 '성행위'만 남고, 성적 낙인이 작동한다.

역사적 사례를 보아도 동성애 아니, 정확하게 남성 간 섹스는 종종 그렇게 다루어졌다. 15세기부터 18세기에 일본을 탐방하고 돌아온 조선의 관리들이 남긴 기행문에는 반복적으로 일본의 남색이 너무 흔해서 놀랍다는 구절이 등장한다.[35] 19세기 중반에 집필된 이규경의 《오주연문장전산고(五洲衍文長箋散稿)》에서도 남색이 유행하는 중국이나 일본 등 주변 국가에 대해 한탄을 하며 조선에서는 추한 중이나 무뢰배들만 할 뿐이라고 짐짓 구분짓고 있다. 하지만 19세기 후반에 일본인 혼마 규스케가 쓴 기행문인 《조선잡기》를 보면 '조선 팔도에 남색이 유행하지 않는 곳이 없다'라는 구절이 등장한다. 일본이 러일전쟁에서 승리하고 조선을 식민지로 삼을 준비를 하던 시기에 쓰인 책이다. 마치 일본에는 남색이 전혀 없었던 양 시치미를 뚝 떼며 조선의 열등함을 강조하려 애쓴다. 결국 조선이나 일본이나 서로를 얕잡아 보며 자신이 더 우월함을 증명하고 싶을 때, '사실은 세상 어디에

---

34) 정희진, '어머니는 말할 수 있을까?', 《탈영자들의 기념비》, 생각의나무, 2003. 34
～51쪽.
35) 강희맹의 《일본행록》(1420년), 김세렴의 《해사록》(1637년), 신경의 《재조번방지》(1693년), 임수간의 《동사일기》(1711～1712년), 신유한의 《해유록》(1719년) 등에 기록이 있다.

나 있는' 남색을 타락의 증거로 끌어내는 것이다.

지금도 동성애는 이런 정치적 술수 안에 놓여 있다. 재차 강조하자면 '반'동성애를 외치는 그들은 동성애를 진정으로 혐오하는 것이 아니라 '동성애 혐오'를 절실히 필요로 할 뿐이다. 그들이 동성애자와 트랜스젠더에 대한 혐오를 무차별적으로 쏟아내는 것은 진심으로 동성애를 싫어해서가 아니다. 성적 소수자들이 마음대로 짓밟아도 꼼짝도 못 하는 힘없고 만만한 약자이기 때문이어서가 아니라, 오히려 그 반대다. 성적 소수자 인권 운동은 1990년대 후반부터 착실하게 그 성과를 쌓아 왔다. 사회적 소수자 중에서도 가장 분명한 당사자성을 지녔고 또한 인구 비율에서도 일정 정도 규모를 갖추고 있다.[36] 대중들이 쉽게 떠올릴 스테레오 타입의 이미지를 지닌 생생한 '타자'이면서 동시에 어떤 억압에도 굴하지 않고 격렬하고도 끈질기게 저항할 것이 분명한 '집단'이기도 하다. 이토록 훌륭한 '적'을 결코 놓칠 수는 없을 것이다. 이런 점에서 2000년대 후반에 정치 세력화를 꿈꾸

---

36) 반동성애 진영에서 동성애는 선천성이 아니라 후천적이라고 주장한다. 후천성을 강조하는 주장은 동성애자의 수를 유동적이라고 파악하는데, 이것은 곧 동성애 성적 지향의 인구가 확 늘어날 수 있다는 것을 의미하므로 훨씬 더 위험한 존재로 보이게 하는 효과가 있다. 인구의 1%에서 5%, 많게는 10%까지 된다는 여러 조사 결과가 있지만, 동성애자가 되는 원인을 따지는 것 자체가 이미 편견의 발로이므로 사실 정답은 없다. 그럼에도 일정 정도의 인구 규모가 있다고 표현한 이유는 '커밍아웃'을 통해 가시화되는 집단이 있다는 의미다. 예를 들어, 2000년도에 시작한 퀴어문화축제는 이제 5만여 명이 참여하는 대형 축제가 되었다. 정부나 대기업의 지원 없이 민간에서 기획하여 진행하는 행사 중에 이 정도 규모의 행사는 흔치 않다.

는 개신교와 인권 증진을 꿈꾸는 성적 소수자의 충돌은 필연적 사건이다.

그러나 동성애는 '식어버린 인두'[37]다. 한때 벌겋게 달아올라 낙인을 찍어내던 인두의 기억이 남아 낙인의 효과는 작동할지 몰라도 그 지글지글한 열기를 만들어냈던 비인간적 타자화의 논리는 이미 힘을 잃었다. '식어버린 인두'를 휘두르는 이 싸움에서 우리는 분명 결코 지지 않을 것이다. 하지만 혐오의 정치는 어차피 다른 '혐오 대상'을 찾아낼 것이다. 그러므로 우리는 이 싸움을 당장 눈앞에 닥친 '혐오'를 피하거나 없애려 애쓰는 구도가 아니라 혐오를 필요로 하는 자들의 숨은 의도에 집중하고 그 필요 자체에 맞서는 판으로 가져가야 한다. 종교적 다툼이라 해서 성경 구절의 해석에 얽매이면 그 역시 정치적 속임수에 넘어가는 것이 될 뿐이다. 혐오를 종교적 사명으로 만드는 것만큼 위험한 일이 없다.

이 글을 쓰는 순간에도 한국 사회는 급박하게 변하고 있다. 2016년 12월, 한국 사회는 또다시 격랑에 휩싸여 있다. 정치, 사회, 경제, 그리고 종교까지 추악한 이권 다툼으로 얽혀 있는 한

---

37) '식은 인두'라는 표현은 권김현영과 정희진이 나눈 대화에서 나온 아이디어이다. 동성애에 대한 편견과 차별이 사라진 것은 아니지만 인류의 역사를 돌이켜볼 때 처벌과 제거의 대상에서 벗어나고 있는 것은 사실이다. 또 낙인을 찍으려는 시도들에 맞서며, 낙인을 지우는 대신 도리어 낙인을 긍정하는 방식으로 싸워 오기도 했다. 그런 의미에서 '식은 인두'를 떠올렸다. 인두 자체가 주는 강한 선입견으로 인한 공포는 생겨날 수 있겠지만, 식어버린 인두를 휘두르는 것은 어리석고 무모한 일이 될 뿐이다.

국 사회의 이면이 여실히 드러나고 있는 가운데, 보수 개신교를 중심으로 한 반동성애 움직임은 여전히 활발하다. 그리고 한국의 지난 역사상 어느 때보다도 성폭력과 성차별에 저항하는 목소리가 뜨겁기도 하다. 급격한 변화와 뜨거운 저항이 소용돌이치는 이 격동의 시기에 혐오의 정치에 쉽게 포획되지 않으려면 우리는 끝까지 질문해야 한다. 누가, 왜, 무엇을 위해 이 혐오를 필요로 하고 있는가를.

양성평등에 반대한다

2017년 1월 10일 초판 1쇄 발행
2020년 12월 28일 초판 7쇄 발행

- 엮은이 ———————— 정희진
- 지은이 ———————— 권김현영, 루인, 류진희, 정희진, 한채윤
- 펴낸이 ———————— 한예원
- 편집 ———————— 이승희, 윤슬기, 양경아, 유리슬아
- 본문 조판 ———— 성인기획
- 펴낸곳   교양인
　　　　　우 04020 서울 마포구 포은로 29 202호
　　　　　전화 : 02)2266-2776 팩스 : 02)2266-2771
　　　　　e-mail : gyoyangin@naver.com
　　　　　출판등록 : 2003년 10월 13일 제2003-0060

이 도서의 국립중앙도서관 출판예정도서목록(CIP)은 서지정보유통지원시스
템 홈페이지(http://seoji.nl.go.kr)와 국가자료종합목록시스템(http://www.
nl.go.kr/kolisnet)에서 이용하실 수 있습니다.(CIP제어번호: CIP2016031962)